双碳理念下宜遂高速绿色生态建设的探索与实践

李 广　涂辉兵　张 凯◎著

河海大学出版社
HOHAI UNIVERSITY PRESS
·南京·

图书在版编目(CIP)数据

双碳理念下宜遂高速绿色生态建设的探索与实践 / 李广，涂辉兵，张凯著. -- 南京：河海大学出版社， 2024. 11. -- ISBN 978-7-5630-9461-5
Ⅰ. U412.36
中国国家版本馆 CIP 数据核字第 20243K214Y 号

书　　名	双碳理念下宜遂高速绿色生态建设的探索与实践
	SHUANGTAN LINIAN XIA YISUI GAOSU LÜSE SHENGTAI JIANSHE DE TANSUO YU SHIJIAN
书　　号	ISBN 978-7-5630-9461-5
责任编辑	陈丽茹
特约校对	罗　玮
装帧设计	徐娟娟
出版发行	河海大学出版社
地　　址	南京市西康路 1 号(邮编:210098)
网　　址	http://www.hhup.com
电　　话	(025)83737852(总编室)　(025)83787104(编辑室)
	(025)83722833(营销部)
经　　销	江苏省新华发行集团有限公司
排　　版	南京布克文化发展有限公司
印　　刷	苏州市古得堡数码印刷有限公司
开　　本	718 毫米×1000 毫米　1/16
印　　张	9.5
字　　数	180 千字
版　　次	2024 年 11 月第 1 版
印　　次	2024 年 11 月第 1 次印刷
定　　价	68.00 元

前言 PREFACE

江西资源丰富、山清水秀、生态良好。党中央、国务院先后出台《国务院关于鄱阳湖生态经济区规划的批复》《江西省生态文明先行示范区建设实施方案》《国家生态文明试验区(江西)实施方案》等重大国家战略,支持江西生态文明建设和经济发展。习近平总书记指出:"江西生态秀美、名胜甚多,绿色生态是最大财富、最大优势、最大品牌,一定要保护好,做好治山理水、显山露水的文章,走出一条经济发展和生态文明水平提高相辅相成、相得益彰的路子。"

公路基础设施建设对材料、能源消耗投入量大,对生态环境扰动范围广,是交通运输行业绿色低碳转型的重要领域。当前,我国交通基础设施建设总量跃居世界前列,但仍存在碳排放强度较高、与生态环境协调发展不足的问题。加快构建绿色低碳交通基础设施体系,将绿色低碳理念贯穿于交通基础设施规划、建设、运营和维护全过程,加快生产方式转型升级,已成为交通运输行业贯彻生态文明战略、服务双碳目标的必然要求,也是支撑加快建设交通强国、推进交通可持续发展的关键举措。

宜春至遂川高速公路(宜遂高速)建设项目沿线资源禀赋优异。项目途经明月山国家森林公园、武功山金顶景区、武功山羊狮慕景区、井冈山风景名胜区、三湾国家森林公园5个国家级旅游风景名胜区,上跨袁水河、泸水河、禾水河、四方井水库、社上水库等众多水系和重要水源地,穿越楠木林及棘胸蛙等自然保护区,生态环境敏感,环保要求和水资源保护要求极高。对此,项目建设坚持以更高站位、更高标准,推动生态环境保护各项工作,努力实现全方位绿色管理,全过程采用绿色技术,以建设环境友好型、资源节约型、管理高效型、创新驱动型的绿色公路为目标,最终形成可复制、可推广、可借鉴的"宜遂方案"。

本书以宜遂高速公路建设为依托,以贯彻新发展理念、扎实做好碳达峰碳中和工作为目标,总结、归纳和提炼宜遂高速打造"新时代美丽高速新典范"公路建设过程中的新理念、新技术、新材料、新工艺及创新管理模式等典型实践经验,力求为我国双碳背景下的高速公路建设提供有益参考。

全书分为8章:第1章 双碳背景下绿色公路建设意义;第2章 宜遂高速公

路项目概况;第 3 章 双碳背景下公路建设绿色生态技术;第 4 章 双碳背景下公路低碳集约施工技术;第 5 章 双碳背景下公路建设环保与文明施工;第 6 章 党建引领提升双碳公路建设;第 7 章 沥青路面无人摊压施工助力双碳目标;第 8 章 智慧工地建设创新支撑双碳目标。

  本书在撰写过程中,得到了江西省交通工程集团有限公司的支持,也得到了宜春至遂川新建工程项目宜春至安福段设计施工总承包项目部的协助,在此表示诚挚的感谢!

  限于著者水平,书中不足之处在所难免,敬请广大读者批评指正。

2023 年 6 月于南昌

目录 CONTENTS

第1章 双碳背景下绿色公路建设意义 ·················· 1
  1.1 双碳背景解读 ·················· 1
  1.2 双碳背景下绿色低碳公路建设的内涵 ·················· 3
  1.3 绿色公路建设成效与面临的问题 ·················· 4
  1.4 江西绿色公路建设的特征 ·················· 6
    1.4.1 "十四五"时期江西绿色交通要求 ·················· 6
    1.4.2 江西公路绿色施工指导意见 ·················· 7
  1.5 绿色公路建设的意义 ·················· 10

第2章 宜遂高速公路项目概况 ·················· 12
  2.1 工程概况 ·················· 12
  2.2 项目特点 ·················· 13
    2.2.1 项目技术特点 ·················· 13
    2.2.2 水文气象特点 ·················· 13
  2.3 设计施工总承包概况 ·················· 15
    2.3.1 EPC联合体成员 ·················· 15
    2.3.2 宜遂高速公路SSA标段情况 ·················· 16
    2.3.3 EPC集约化管理新模式 ·················· 16
  2.4 双碳绿色公路创建措施 ·················· 18
    2.4.1 创建背景 ·················· 18
    2.4.2 双碳举措 ·················· 18

第3章 双碳背景下公路建设绿色生态技术 ·················· 22
  3.1 宜遂高速最佳最绿路线 ·················· 22
    3.1.1 绿色选线理念 ·················· 22
    3.1.2 宜遂高速绿色路线 ·················· 23

  3.2 生态边坡防护技术 ·· 24
    3.2.1 生态边坡防护技术演化 ···························· 24
    3.2.2 宜遂项目边坡生态防护技术 ························ 25
  3.3 景观设计及生态复垦 ···································· 31
    3.3.1 景观设计理念及实践 ······························ 31
    3.3.2 生态复垦理念及实践 ······························ 35
  3.4 生态旅游收费站及服务区 ································ 37
    3.4.1 生态旅游设计理念 ································ 37
    3.4.2 宜遂高速生态旅游 ································ 38

第4章 双碳背景下公路低碳集约施工技术 ························ 41
  4.1 废旧轮胎改性沥青绿色利用技术 ·························· 41
    4.1.1 材料要求及准备 ·································· 42
    4.1.2 配合比设计标准 ·································· 45
    4.1.3 配合比设计阶段 ·································· 46
    4.1.4 试验段试铺 ······································ 48
  4.2 隧道洞渣机制砂综合利用技术 ···························· 52
    4.2.1 隧道洞渣利用技术 ································ 53
    4.2.2 隧道洞渣应用 ···································· 58
  4.3 沥青拌和站油改气工程 ·································· 63
    4.3.1 油改气技术特点 ·································· 63
    4.3.2 油改气技术实践 ·································· 64

第5章 双碳背景下公路建设环保与文明施工 ···················· 67
  5.1 环保与文明施工保证体系 ································ 67
    5.1.1 环保、水土保持保证体系 ·························· 67
    5.1.2 文明施工保证体系 ································ 67
  5.2 环境保护与水土保持措施 ································ 69
    5.2.1 生活污水、废水与生产废水处理措施 ················ 69
    5.2.2 施工区粉尘与空气污染控制措施 ···················· 69
    5.2.3 固体废弃物处置措施 ······························ 71
    5.2.4 生态环境保护措施 ································ 72
    5.2.5 水土保持措施 ···································· 72

5.3 文明施工与文物保护保证措施 73
5.3.1 文明施工措施 73
5.3.2 文物保护施工措施 75
5.4 宜遂项目环保与文明施工亮点 76
5.4.1 边建边绿模式，保最好最美生态 76
5.4.2 一洞一案原则，护最原最始洞口 77
5.4.3 一桥一景理念，创最宜最适景观 78
5.4.4 "永临结合"，实现绿色资源节约 78
5.4.5 生态为本，持续增进绿色福祉 79

第6章 党建引领提升双碳公路建设 81
6.1 基层党组织建设组织体系 81
6.1.1 廉政学习教育制度 82
6.1.2 议事制度 83
6.1.3 组织生活及民主生活制度 86
6.2 宜遂项目基层党建亮点 86
6.2.1 注重学习，拧紧思想总开关 86
6.2.2 夯实基础，培育优质"细胞" 87
6.2.3 压实责任，发挥"头雁效应" 88
6.2.4 改进作风，做群众的贴心人 89
6.2.5 正风肃纪，营造良好政治生态 89
6.3 党建引领双碳建设案例 90
6.3.1 赓续"红色气质"，提升"绿色颜值" 90
6.3.2 弹拨党建七彩琴弦，精筑老区九纵通衢 94
6.3.3 党建引领风帆劲，党工融合争当先锋 97
6.3.4 星火传递，初心筑路 99

第7章 沥青路面无人摊压施工助力双碳目标 103
7.1 无人化摊压技术介绍 103
7.1.1 技术原理 103
7.1.2 技术优势 105
7.1.3 无人化摊压主要设备 106
7.2 无人化摊压技术现状及发展要点 107
7.2.1 智能施工技术 107

  7.2.2 技术现状 ··· 109
  7.2.3 发展要点 ··· 110
 7.3 无人化摊铺集群施工关键技术 ·· 112
  7.3.1 集群化施工工艺策略 ··· 112
  7.3.2 集群化施工避障策略 ··· 113
  7.3.3 远程施工遥控策略 ·· 116
  7.3.4 无人化摊铺辅助导航方案 ·· 117
 7.4 无人化摊铺集群施工 ·· 118
  7.4.1 应用情况 ··· 118
  7.4.2 工艺流程 ··· 120

第8章 智慧工地建设创新支撑双碳目标 ································ 122
 8.1 基于双碳目标的智慧工地建设理念 ···································· 122
  8.1.1 智慧工地的双碳理念 ··· 122
  8.1.2 技术方案与特点 ·· 123
 8.2 无人机技术智能应用 ·· 124
  8.2.1 原始地形地貌获取 ·· 125
  8.2.2 临时工程复绿面积计量的应用 ································ 126
 8.3 环境监测(含喷淋)子系统 ··· 126
  8.3.1 系统目的 ··· 126
  8.3.2 监测系统组成 ·· 127
  8.3.3 监测原理及设备 ·· 128
  8.3.4 联动喷淋系统 ·· 128
 8.4 拌和质量监测子系统 ·· 129
 8.5 实验室质量监测子系统 ·· 130
 8.6 路面摊铺质量监测系统 ·· 131
 8.7 现场生产视频监控指挥室 ·· 133
 8.8 人员安全门禁管理子系统 ·· 135
  8.8.1 系统目的 ··· 135
  8.8.2 功能设计 ··· 136
 8.9 BIM＋VR 安全体验馆子系统 ··· 137
 8.10 设备管理子系统 ·· 138

参考文献 ·· 139

第 1 章

双碳背景下绿色公路建设意义

1.1 双碳背景解读

工业发展导致的大量温室气体排放是造成气候变化的主要原因。这种人为导致的变化正引发极端天气、冰川融化、生态恶化等灾难性后果。为应对这一全球性挑战,国际社会通过《巴黎协定》明确了控制气温上升的目标,要求各国制订国家自主贡献计划,实现碳中和。《巴黎协定》的签署体现了国际社会在气候变化问题上的团结和坚定承诺。该协定要求联合国气候变化框架公约的缔约方立即行动,制订和实施具体的国家自主贡献计划,以减缓气候变化的趋势。具体而言,各国必须努力使碳排放尽快达到顶峰,并在 21 世纪中叶实现碳排放的净增量为零,目标是确保全球地表温度的升幅不超过工业化前水平的 2 ℃。这一共同努力旨在保护地球免受进一步的损害,并为后代创造一个更加可持续的未来。

作为世界上最大的发展中国家,我国积极回应《巴黎协定》的号召,宣布了具体的碳达峰和碳中和目标,到 2025 年,绿色低碳循环发展的经济体系初步形成,重点行业能源利用效率大幅提升。单位国内生产总值能耗比 2020 年下降 13.5%;单位国内生产总值二氧化碳排放比 2020 年下降 18%;非化石能源消费比重达到 20% 左右;森林覆盖率达到 24.1%,森林蓄积量达到 180 亿 m^3,为实现碳达峰、碳中和奠定坚实基础。到 2030 年,经济社会发展全面绿色转型取得显著成效,重点耗能行业能源利用效率达到国际先进水平。单位国内生产总值能耗大幅下降;单位国内生产总值二氧化碳排放比 2005 年下降 65% 以上;非化石能源消费比重达到 25% 左右,风电、太阳能发电总装机容量达到 12 亿 kW 以上;森林覆盖率达到 25% 左右,森林蓄积量达到 190 亿 m^3,二氧化碳排放量达到峰值并实现稳中有降。实现碳达峰、碳中和,是党中央统筹国内国际两个大局作出的重大战略决策,是着力解决资源环境约束突出问题、实现中华民族永续发展的必然选择,是构建人类命运共同体的庄严承诺。

随着全球气候变化逐渐成为人类社会的重大挑战,国际社会正逐步将碳中和作为国家层面的发展战略。中国积极响应可持续发展的内在需求,并承担起作为全球共同体一员的责任。2020年中国政府正式宣布了碳达峰和碳中和的长期目标,这一承诺不仅体现了中国对国内外发展环境的深刻理解,也预示着中国将采取一系列重大举措,以促进经济结构的转型和社会发展的全面绿色化。

双碳目标是我国基于推动构建人类命运共同体的责任担当和实现可持续发展的内在要求而作出的重大战略决策,展示了我国为应对全球气候变化做出的新努力和新贡献,体现了对多边主义的坚定支持,为国际社会全面有效落实《巴黎协定》注入强大动力,重振全球气候行动的信心与希望,彰显了中国积极应对气候变化、走绿色低碳发展道路、推动全人类共同发展的坚定决心。这向全世界展示了应对气候变化的中国雄心和大国担当,使我国从应对气候变化的积极参与者、努力贡献者,逐步成为关键引领者。

为实现碳达峰和碳中和目标,我国采取了一系列政策措施(图1.1)。在能源领域,加大了清洁能源的开发和利用力度,提高非化石能源在一次能源消费中的比重。工业领域推动绿色低碳技术的研发和应用,优化产业结构,减少高碳排放行业的比重。交通领域推广新能源汽车,优化公共交通体系,鼓励绿色出行。建筑领域提高建筑节能标准,推广绿色建筑和装配式建筑。此外,加大了森林碳汇的建设力度,提高森林覆盖率,增强碳汇能力。我国在实现碳达峰和碳中和的过程中面临多方挑战。首要挑战是优化能源结构和调整产业结构所需的巨大经济成本,这给中国的经济发展带来了一定压力。其次,绿色低碳技术的研发和应

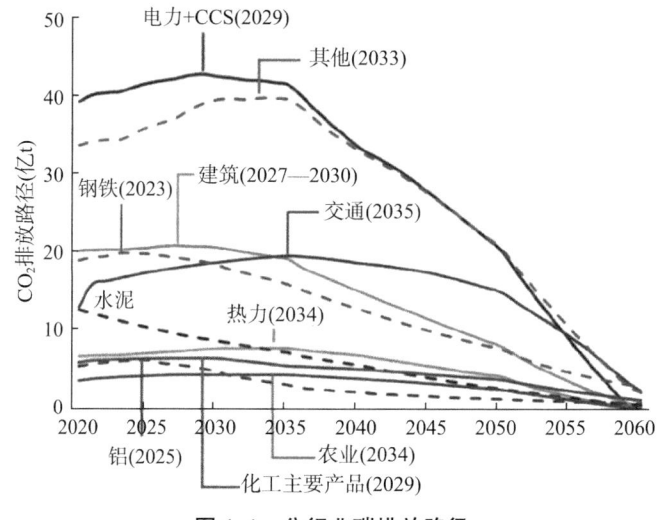

图1.1 分行业碳排放路径

用尚未成熟,需要增加科技投入和政策支持。此外,公众对低碳生活方式的认知和接受度有待提高,需要加强低碳理念的宣传教育。然而,在实现这一目标的过程中,中国仍面临着诸多挑战,需要加强国际合作,推动全球气候治理体系的建设。

1.2　双碳背景下绿色低碳公路建设的内涵

公路基础设施建设所需材料和能源的消耗量巨大,同时对环境的冲击范围也相当广泛,这使得交通运输行业的绿色低碳转型显得尤为迫切。目前,我国的交通基础设施建设规模已经居于世界领先地位,但与此同时,也面临着碳排放效率低下、与自然环境的和谐共生方面尚有欠缺的挑战。推动绿色低碳交通基础设施体系的快速形成,确保绿色低碳的理念贯穿于交通基础设施的规划、建设、运营和维护的每一个环节,促进生产方式的转变和升级,不仅是交通运输行业落实生态文明建设、助力实现双碳目标的关键途径,也是加快建设交通强国、推动交通行业可持续发展的核心策略。

交通运输是国民经济中具有基础性、先导性、战略性的产业,是重要的服务性行业和现代化经济体系的重要组成部分,是构建新发展格局的重要支撑和服务人民美好生活、促进共同富裕的坚实保障。当前,在我国建设交通强国和实现双碳目标的双重压力下,对公路绿色低碳发展提出了新的要求和挑战。

(1) 公路建设需要转变发展模式,从传统的"先建设后治理"转向"全寿命周期"的管理理念。这意味着在公路设计、施工、运营和维护的各个阶段,都要充分考虑资源节约、生态环保、节能高效、服务提升等因素,实现绿色低碳发展。全寿命周期的管理理念要求在公路建设过程中,从设计阶段就开始考虑公路的绿色低碳发展,将绿色低碳理念贯穿于公路建设的全过程,以实现公路建设的可持续发展。

(2) 绿色低碳公路建设需要强化技术创新的引领作用。通过研发和应用新技术、新材料、新工艺,提高公路基础设施的能效和降低碳排放。例如,可以推广使用低碳混凝土、节能灯具等,以降低公路建设和运营过程中的能耗和排放。技术创新是推动公路绿色低碳发展的关键,只有通过技术创新,才能实现公路建设的绿色低碳发展。

(3) 公路基础设施的绿色低碳发展需要实现与生态环境的和谐共生。在选址、设计、施工等环节,要充分考虑生态环境的保护和修复,尽量减少对生态环境的破坏;同时,通过公路绿化、生态护坡等手段,提升公路生态环境质量,实现公路与自然的和谐共生。生态环境的保护是公路绿色低碳发展的基础,只有保护好生态环境,才能实现公路的绿色低碳发展。

(4)公路基础设施的绿色低碳发展还需要建立完善的政策和法规体系,以推动公路行业向绿色低碳转型。政府可以通过制定相关政策和标准,鼓励和引导企业采用绿色低碳技术和产品,同时加强对公路建设和运营过程中的监管,确保绿色低碳目标的实现。政策和法规的制定是推动公路绿色低碳发展的保障,只有具备完善的政策和法规体系,才能推动公路行业向绿色低碳转型。

总之,双碳目标的提出对公路绿色低碳发展提出了新的要求和挑战。要实现这一目标,需要从多个方面入手,推动公路建设向绿色低碳转型,以实现可持续发展的目标。这不仅是我国公路行业发展的必然趋势,也是全球应对气候变化、推动可持续发展的共同选择。

绿色公路建设是公路行业不断提升发展理念的具体行动,是绿色交通及绿色循环低碳公路在新时期的继承与延续,是节能、低碳、环保技术在新时期的沿用、丰富与创新,也是基本建成绿色循环低碳交通运输体系战略目标的重要举措。国内外学者已经做出了较多研究成果,本部分对绿色公路建设方面国内外的研究现状予以调研总结和综述。

1.3 绿色公路建设成效与面临的问题

在我国,绿色公路的发展经历了一段漫长而艰难的历程,从最初的萌芽阶段到后期的积极探索,再到如今的不断发展与深化。多年来,广大公路建设从业者通过不断的摸索与实践,为绿色公路的发展做出了重要贡献。如今,绿色公路已经进入了新的时代,其建设也取得了一定的成效。

(1)绿色公路理念在不断发展和成熟。从改革开放初期的尝试摸索,到党的十八大前的积极探索,再到如今的深化阶段,绿色公路理念不断成熟。绿色公路的内涵已经从最初的环境保护逐渐丰富发展为资源节约、生态环保、节能高效、服务提升等多种特征相结合,日益满足新时代交通发展的要求。

(2)绿色公路政策体系不断完善。自交通运输部于2016年发布《关于实施绿色公路建设的指导意见》以来,按照该指导意见的规划部署,陆续出台了《绿色交通设施评估技术要求第1部分:绿色公路》(JT/T 1199.1—2018)和《绿色公路建设技术标准》(T/CECS G:C10-01—2020),使得绿色公路建设技术和评估技术标准体系得到不断完善。

(3)绿色公路建设技术不断创新并得到广泛推广。随着绿色公路建设的推进,节能技术和清洁能源等绿色环保技术得到了广泛应用。例如,低碳沥青路面技术如温拌沥青混合料在广东等地得到了广泛应用。太阳能供电系统和节能照明技术等绿色照明技术也在各个项目中得到了应用。

(4) 绿色公路试点示范工作不断展开。在"十二五"期间,交通运输部开展了包括广东广中江高速公路和贵州盘兴高速公路等共计20个绿色公路主题性示范工程。在"十三五"期间,交通运输部又相继开展了3批共计33个绿色公路建设典型示范工程。这些绿色公路示范项目的开展对于发挥行业和地区的典型示范作用,推动整个行业开展绿色公路建设具有积极的作用。

(5) 全面总结实践经验,推动绿色公路建设转型升级。《交通强国建设纲要》将绿色交通廊道建设确定为绿色发展的主要任务之一。当前已完善绿色公路建设技术标准体系,坚持公路全寿命周期绿色发展理念,并且发挥绿色公路试点示范的引领和带动作用,加强了绿色公路"四新"技术的研发与应用。"十四五"是全面开启交通强国建设新征程的关键时期,在现代化高质量综合立体交通网络建设的带动下,包括绿色公路在内的绿色交通廊道建设将进入快速发展阶段。为继续推进绿色公路建设,交通运输行业组织开展了"十三五"绿色公路建设经验总结,重点对33个部级典型示范工程及部分省级试点示范项目实施效果进行总结评估,将有关成果纳入公路工程建设技术规范,为绿色公路建设提供技术保障。

尽管绿色公路建设取得了一定成效,但目前我国绿色公路的推广还不够广泛,绿色公路的发展也存在不平衡和不充分的问题。主要表现在以下几个方面:

(1) 高速公路路线方案设计依然采用传统的设计方式,在国家大力推行建设绿色公路的政策背景下,应摒弃传统落后的设计理念,将绿色环保的理念融入高速公路路线方案设计当中迫在眉睫。

(2) 影响路线方案优选的因素较多,从而导致评价指标体系的构建趋于复杂,有时建立的指标体系看似合理,但在实际工程情况发生改变时,选取的评价指标就显得不够全面,且部分指标数据获取难度较大,在实际评价过程中存在可操作性差等困难。

(3) 当前,研究人员对路线方案优选所采用的评价方法或多或少都存在一些缺点,在评价方法的选取过程中,没有大胆地引用其他学科已经证实可行的方法对其进行创新和改进。

(4) 高速公路路线方案综合优选是涉及多个因素,并需要多个行业人员参与的一项复杂的决策工作。目前高速公路路线方案优选过程中,关于评价指标的选定标准不一,大多只考虑了安全、经济、社会、技术等方面的评价,很少考虑环境保护、能源节约和工程的示范性作用。

（5）绿色公路技术创新研发和推广应用水平仍需加强，目前缺乏针对性的绿色公路资金激励政策，尽管绿色公路评估技术要求已经出台，但其实操性仍需加强，绿色公路评估结果的公布并没有产生相应的激励作用。

1.4 江西绿色公路建设的特征

1.4.1 "十四五"时期江西绿色交通要求

"十四五"是美丽中国建设新篇章、实现生态文明建设新进步的第一个五年，是国家碳达峰目标、碳中和愿景提出后的第一个五年，是江西省推进交通强省建设的第一个五年，江西省交通行业绿色发展面临新形势、新要求。

1. 打造美丽中国"江西样板"要求强化生态环境保护

江西省是全国首批省级生态文明先行示范区，全省四分之一的国土面积划入了生态保护红线；同时，江西省在"十四五"期间将加快构建现代化综合交通运输体系，交通基础设施建设和升级的需求仍维持在较大规模。交通运输行业必须格外重视生态环境保护，把生态环保理念贯穿到交通基础设施规划、设计、建设、运营和养护全过程，实现交通与生态环境互补互适。

2. 实现碳达峰碳中和愿景要求加快向低碳、零碳转型

交通运输行业是化石燃料消耗的重点行业，是最难实现碳达峰的行业之一。目前，江西省新增机动车能源消耗仍以化石燃料为主，预计"十四五"期间，客运和货运需求继续保持稳步增长态势，客运量和货运量年均增长率分别达 0.64% 和 2.8%。因此，为保障江西省如期实现碳达峰目标，必须采取更强有力的政策措施，推动交通行业能源结构转型，加快向低碳、零碳发展。

3. 实现交通强省建设要求交通运输行业加大绿色发展

《关于推进交通强省建设的意见》指出江西省交通运输行业应"强化节约集约、低碳环保的绿色发展理念"，加快推进江西省绿色交通建设，是实现交通强省建设的需要，也是江西省作为生态文明示范省的职责所在。

这要求在交通基础建设时，要按照"生态优先、绿色发展"总体要求，推动交通运输政策、规划、设计、建设、营运、养护等方面绿色低碳转型，协同推进减污降碳，落实碳达峰碳中和目标，提升交通运输绿色发展水平。推进交通生态选线选址，最大限度地避让各类环境敏感区和永久基本农田，推动交通运输设施与生态空间相协调。打造绿色交通廊道，基本完成铁路沿线环境整治。大力建设绿色

公路,探索建设绿色港口、生态航道,加强生态修复和保护工作,减少人工痕迹,积极引导交通基础设施绿色发展。

1.4.2 江西公路绿色施工指导意见

绿色施工指公路工程施工过程中,通过现场有效管理和采用新技术、新材料、新设备、新工艺,实现资源节约利用和节能减排,最大限度减少施工活动对生态环境的不利影响。为大力推进生态文明建设,促进江西省高速公路建设可持续发展,加快提升高速公路工程绿色施工水平,根据交通运输部《关于实施绿色公路建设的指导意见》,制定了《江西省高速公路工程绿色施工管理办法(试行)》,并从管理职责、方案策划和执行、生态环境保护、资源节约等角度对绿色施工予以指导和规定。其主要意见如下:

1. 管理职责

(1) 江西省交通运输厅负责全省高速公路工程绿色施工监督管理工作。

(2) 江西省交通质监局负责全省高速公路绿色施工现场监督检查,受厅委托组织开展绿色施工相关考核、评比和示范创建工作。

(3) 项目建设单位负责组织参建各方做好现场绿色施工,在招标文件中明确绿色施工要求并保障所需资金,按照合同对参建单位履行施工期生态环境保护责任的情况进行日常巡检。

(4) 建设单位应当委托监理单位对现场绿色施工进行监理。

(5) 施工单位是绿色施工的责任主体,负责所承建项目绿色施工的具体实施。

(6) 施工单位组建的项目经理部应建立绿色施工工作组织架构,项目经理为第一责任人。项目经理部应结合工程特点制定绿色施工管理制度,开展相关教育培训,对现场绿色施工进行有效管控。

(7) 监理单位根据委托对项目绿色施工承担监理责任,对绿色施工方案进行审查,并在实施过程中进行检查和督促整改。

2. 方案策划和执行

(1) 施工单位进场后,应根据工程实际特点编制本标段绿色施工方案,经公司总部技术负责人审核签字后报监理单位审查。项目建设单位应向施工单位提供方案编制所需资料,并明确本项目的有关要求。

(2) 监理单位应组织对绿色施工方案进行审查,审查同意后转报项目建设单位备案。

(3) 方案审查报备工作应当在开工令签发前完成。

(4)项目建设单位应根据《江西省高速公路工程绿色施工管理手册编制纲要》(附件)编制本项目绿色施工管理手册,组织专家进行评审后报江西省交通质监局备案(各标段绿色施工方案作为附件)。手册报备工作应在项目实质开工后3个月内完成。

(5)建设单位可以委托有公路工程生态环境保护管理经验的专业单位编制管理手册。鼓励有条件的建设单位在施工招标前编制绿色施工管理手册,并将其纳入施工招标文件内容。

(6)江西省交通质监局应自受理备案之日起10个工作日内完成审查。经审查不满足要求的,应书面退回并一次性告知理由,项目建设单位应根据退回理由修改完善后重新编报。10个工作日内未书面退回的,即为同意备案。

(7)经备案的管理手册及其附件,作为江西省交通运输厅、江西省交通质监局开展现场监督检查的基础依据。江西省交通质监局应将管理手册落实情况纳入项目现场监督检查内容,并在结果通报中单列阐述。

(8)管理手册及其附件在实施过程中发生重大调整的,应及时向江西省交通质监局报备有关内容。因未及时报备造成手册内容与现场检查情况不一致的,可以视作未按报备内容落实施工环保责任。

(9)项目建设单位在施工阶段应对绿色施工进行动态管控,日常检查施工单位落实绿色施工方案的情况,将绿色施工情况作为定期评比的重要因素,每季度分析、评价各标段绿色施工情况不少于1次。项目建设单位发现施工单位不按所报备方案落实绿色施工管控措施的,应严格按照合同条款追究违约责任。

(10)项目建设单位编制交工验收报告时,应对监理单位、施工单位落实绿色施工要求的情况专章阐述并评价。

3. 生态环境保护

(1)高速公路工程施工阶段应全面落实生态环境保护要求,重点推进施工扬尘防治、水土保持、施工废水管理、施工垃圾管理、机械尾气排放、噪声控制等,降低施工对生态环境的影响。

(2)线外运输土方、砂、水泥、石灰等细散物料的车辆应安装密闭装置,实现线外清洁运输。施工现场或场站进出口应采取硬化、清洗措施,防止进出车辆污染既有道路。施工单位应对进出口周边100 m以内的既有道路进行清扫和洒水降尘,确因其他社会车辆污染造成该路段难以保洁降尘的,施工单位应做好取证工作并向监理单位报告。线外运输车辆通过居民点处应当控制车速,采取适当洒水降尘措施,降低二次扬尘污染。

(3)场站选址应尽可能远离居民区并置于其下风向。配料机、上料仓、搅拌设备及输送设施须配备降尘防尘装备。细散物料应封闭存放,临时性货场应采取覆盖措施。沥青混合料加热设备、拌和设备等均应配备沥青烟气净化、排放设施。场区应及时清洁,确保场地干净、不积尘。

(4) 施工便道与铁路、国省道及其他重要道路交叉口应按要求设置围挡,增加附近路段洒水强度和频率。

(5) 土方开挖应采取适当降尘措施,采用爆破法开挖时应采取湿法作业。控制线内施工目测扬尘高度,降低车辆行驶速度,并采取洒水方式降尘。严格控制路面施工交叉污染,确有污染路段应及时打扫清洗,清扫不得采用鼓风机吹扫,宜采用人工洒水清扫或高压清洗车冲洗。

(6) 施工现场严禁焚烧油毡、橡胶、塑料制品和其他废弃物。施工车辆、机械设备的尾气排放应符合现行国家排放标准。

(7) 施工单位应加强精细化施工作业,尽量避免扰动和破坏自然植被。边坡、取弃土场原则上应实时防护、尽早防护,确有困难暂不能防护的裸露坡面应灵活运用土工布、塑料膜、撒播草籽等手段降低风蚀与水蚀。路基施工应做好临时排水措施,防止降雨冲刷影响周边农田、水系。

(8) 施工现场应做好水污染控制工作。钻孔及灌注桩施工时,应设置相应的泥浆池、泥浆沟,完善循环系统,防止泥浆外溢。水中施工钻渣应采用泥浆船驳运至岸上指定地点处置。

(9) 隧道排水、施工废水、场站雨污水应经沉淀等处理满足要求后排放或循环利用,沉淀池应定期清理,含油污水应收集并交由有资质的单位进行专业处理。严禁将施工废水直接排入当地水系或以渗入地下等方式偷排。驻地生活污水应收集处理,排放应符合环保要求。

(10) 施工现场存放的油料、化学溶剂和其他有毒有害物应设有专门的库房,做好防雨、防洪、防渗措施,杜绝泄漏风险。列入《国家危险废物名录》的危险废物必须按规定集中处理。

(11) 建设单位、施工单位应采取措施减少施工垃圾产生,完工后应及时清理,不得随意掩埋或丢弃,垃圾处理宜优先综合利用。驻地生活垃圾应集中收集并及时清运处理。

(12) 社会环境敏感点、野生动物栖息地等应综合使用敏感目标防护、爆破控振降噪、机械工艺降噪等手段,控制施工噪声与振动的影响幅度与时段。

(13) 拌和站、预制场、取弃土场等设施选址应远离水体和集中居住区,禁止设置在饮用水水源保护区、自然保护区等特殊生态功能区中。

4. 生态环境保护

（1）施工期应统筹利用土地、设备、表土、施工材料等资源，有效提高各类资源利用效率。

（2）施工便道宜结合地方公路网规划和农村公路建设计划，积极与地方政府合作，将施工便道在工程完成后用作地方道路，节约资源的同时促进地方发展。

（3）拌和站、预制场、施工驻地等施工临时用地宜建设在公路主线、服务区、取弃土场范围内，鼓励租用当地房屋作为施工驻地，临时用地与当地规划结合，工程完工后移交给当地使用。

（4）推行与地方电力部门合作建设施工电网，与隧道、服务区运营期供电设施合并建设，或在施工结束后转入当地民用。

（5）施工过程中应对表层腐殖土进行收集，后续用于回填和植被恢复，最大限度保留和利用本地肥沃土壤。

（6）选材应优先采用绿色、环保、可周转回收、就近生产的材料，限制和淘汰落后材料。使用散装水泥，减少纸袋及附着水泥损耗。

（7）推行拌和楼油改气技术，鼓励施工单位采用以天然气为燃料的施工机械，推行温拌沥青技术。

1.5 绿色公路建设的意义

交通运输行业是主要"碳源"之一。有关数据显示，我国交通运输业碳排放占我国碳排放总量的10.4%。相比欧美等国家，我国交通运输行业的碳排放具有占比低、增速快、减排潜力大的特点。特别是公路运输，约占全国交通运输碳排放总量的85%以上，是交通运输领域碳排放的绝对主体和减排重点。

目前我国正处在快速工业化、城市化和机动化"三化叠加"发展过程中，未来一个时期国民经济和交通运输仍将保持快速增长态势，交通运输发展的技术水平和用能结构尚不能发生根本性转变，交通运输领域的碳排放总量还将继续增加，减排压力大，形势严峻。

对交通运输行业来说，巨大的挑战主要来自全面建设现代化和人们过上更加美好生活所带来的交通发展愿望这种刚性需求，和双碳目标——我们对全球承诺的担当责任这种硬约束之间的矛盾。解决这一问题的出路就在于推动交通运输的低碳绿色转型，实现可持续发展。建设绿色交通基础设施，主要是推进以低碳排放为特征的绿色公路、绿色航道、绿色港口建设，大力推广应用节能型建筑养护装备、材料及施工工艺工法。

为了促进公路发展事业的可持续发展、提升交通运输的现代化水平以及实现资源节约型和环境友好型交通建设,推动绿色公路发展具有重要意义。绿色公路既是满足资源环境压力的现实需要,又是创新公路发展模式的必然选择,必须积极推进绿色公路发展。要全面贯彻绿色公路的战略部署,切实增强绿色公路发展的责任感和使命感,开拓创新,务实推动,加快转变公路发展方式,提高能源资源利用效率,保护和改善生态环境,实现公路发展速度、质量和效益的有机统一,以及经济社会和自然环境的和谐发展,为建设生态文明和美丽中国做出积极贡献。

基于此,本书总结吸收宜春至遂川高速公路新建工程项目宜春至安福段设计施工总承包 SSA 标段打造"新时代美丽高速新典范"公路建设过程中的新理念、新技术、新材料、新工艺及创新管理模式等典型实践经验。

第 2 章
宜遂高速公路项目概况

宜春至遂川高速公路新建工程是在建时段江西高速公路建设史上里程最长、投资规模最大的项目。项目于 2019 年 12 月开工，历经 36 个月，于 2022 年底建成通车，联通沪昆、泉南、莆炎三条高速，串联明月山、武功山、井冈山三大国家级风景名胜区。项目建成后，对原中央苏区提速振兴，促进赣西经济协同发展和转型升级，加速江西省内陆开放型经济试验区建设起到积极作用。

宜春至遂川高速公路新建工程沿途旅游名胜众多，具有得天独厚的自然、经济、文化发展优势。为保护沿线绿水青山，倾力打造"平安百年品质工程"，宜遂高速公路建设者化压力为动力，化挑战为机遇，高标定位、高点起步，秉持"传承红色基因，坚持生态优先，打造美丽高速，铸就百年品质"建设理念，确立"打造新时代美丽高速新典范"建设目标，大力实施美化、绿化、智慧化、人文景观等工程建设，打造了宜遂高速公路的美丽名片。

2.1 工程概况

宜春至遂川高速公路新建工程是《江西省高速公路网规划修编（2018—2035 年）》"10 纵 10 横 21 联"路网中第 9 纵的重要组成部分，起点位于宜春市袁州区新田镇（起点与宜春城区三阳至新田段高速公路相接），途经宜春市袁州区，吉安市安福县、永新县，井冈山市、吉安市遂川县 2 个设区市 5 个县（市、区）28 个乡（镇、场），终于遂川县堆子前镇（终点与遂川至大余新建高速公路相接）。建设里程 194.867 km，概算投资 280.811 亿元，是当时江西高速建设史上一次性投资最大的项目。

该项目宜春城区起点 16 km 路段采用双向六车道标准，路基宽度 33.5 m；其他路段采用双向四车道标准，路基宽度 26 m；主线设计速度 100 km/h。全线路基土石方约 9 129 万 m^3，涵洞通道 728 道；桥梁 178 座 51 743 m（含 4 座铁路桥），其中特大桥 3 座 3 230 m；隧道 18 座单洞长 68 594 m，其中特长隧道 3 座单洞长20 735 m；互通立交13处，其中枢纽2处；服务区4处，收费站11座；连接线约47.9 km，设计速度60 km/h。连接线采用二级公路标准建设，设计速度为60 km/h，路基宽度12 m［其中黄坳连接线采用双向四车道一级公路（集散功能）标准建设，设计速度为60 km/h，路基宽度20 m；太湖互通连接线采用三级公路标准建设，设计速度为30 km/h，路基宽度7.5 m］。

2.2 项目特点

2.2.1 项目技术特点

宜春至遂川高速公路新建工程项目特点、技术需求主要集中在以下4个方面：

（1）工程规模大，桥隧比高。项目路基土石方1 840万 m^3、涵洞工程207道，桥梁14.12 km/45座（其中特大桥2座），隧道17.040 km/10座（其中特长隧道2座），全线桥隧比例高达42%。

（2）工程地质条件复杂，建设难度大。项目存在地下溶洞、塌陷、暗河等地质条件，如袁河特大桥、清沥江特大桥等基本处于岩溶发育区；白鹭山隧道、严田隧道等处于岩溶及断层破碎区，裂隙密集易产生洞体坍塌及涌突水；先锋顶隧道洞口稳定性差且存在隧道偏压；桥梁桩基、隧道开挖施工不确定性因素大。项目全线3次横跨高速，4次穿越铁路，9次穿越普通国省道干线，11次途经矿区。

（3）安全形势复杂，风险点多。项目的主要交通运输通道为S224，沿线居民密集，部分路段蜿蜒陡峭，交通交叉多，交通安全风险大。主线既穿越城镇区，又穿越崇山峻岭，跨山越水，普遍存在路堑高边坡、临河高空作业、隧道围岩差等繁杂风险点和风险源。

（4）生态环境敏感点多，水保环保工作压力大。项目经过明月山国家森林公园、武功山金顶景区、武功山羊狮慕景区，K36+315～K41+845路段共5.53 km穿越袁河上游特有鱼类国家级水产种质资源保护区的实验区，该保护区主要保护对象为棘胸蛙，总面积3 850 hm^2，其中核心区面积1 911 hm^2、实验区面积1 939 hm^2。项目沿线基本被生态保护区和公益林覆盖，临时用地、取弃土场用地等水保环保工作面临的压力大。

2.2.2 水文气象特点

宜春至遂川高速公路新建工程路线带地处亚热带季风气候区，属亚热带湿润季风气候类型,全年气候温和,雨量充沛,光照充足,四季分明,冬夏长,春秋短,无霜期长,气候差异性较大。春季多梅雨,夏季受东南海洋气候调节,台风波及,暴雨常见,降水集中在5—8月份,降水量约占全年的一半;秋季干燥少雨,冬季受北方冷空气影响,低温少雨。由于路线区内地形差异很大又可造成局部性小气候,特别是垂直分布的小区域气候差异更大,常表现出"一山有四季,十里不同天"的立体气候特征,山区常出现大雾天气。根据近50年的气象资料,路线经过的各县(市)的气象如下:

(1) 宜春市袁州区:年降水量1 875 mm,年平均气温18.1 ℃,7月平均气温28.5 ℃,1月平均气温5.5 ℃,极端最低气温－9.3 ℃,极端最高气温41.1 ℃,年日照时数1 737.1 h,无霜期272 d。

(2) 安福县:年平均气温17.7 ℃,1月为最冷月,平均气温5.9 ℃,7月为最热月,平均气温28.9 ℃;年平均降水量1 553 mm,年平均降雨日166 d,降水明显集中在春季和初夏;年平均日照数1 649 h,山区日照偏少,年平均无霜期279 d,最长323 d,最短247 d。

(3) 永新县:永新县地处亚热带季风温润气候区,春季温和,盛夏炎热,伏秋多年平均气温18.2 ℃,极端最高气温40 ℃,极端最低气温－6.6 ℃,多年平均无霜期286 d,多年平均最大风速16 m/s,多年平均降水量1 530.7 mm。

(4) 泰和县:属亚热带季风气候,四季分明,气候温和,雨量充沛。根据气象台资料,多年年均气温18.6 ℃,最热月为7月,平均气温28.2 ℃,最冷月为1月,平均气温6.2 ℃,≥10 ℃的积温为5 800 ℃,年蒸发量1 407.1 mm,年均降水量1 510 mm,平均降雨日166 d,雨季时段为4—9月,无霜期288 d,平均日照时数1 694 h,常年主导风向为东北风,年平均风速1.4 m/s,最大风速17 m/s。

(5) 井冈山市:井冈山市属亚热带季风气候,四季分明,雨量充沛,年平均气温15.2 ℃,1月为最冷月,平均温度3.2 ℃,7月为最热月,平均气温23.9 ℃,极端最高温度36.7 ℃;年平均降雨量1 940.2 mm,年平均降雨日209 d,年平均日照1 254.3 h,平均雾日96 d。茨坪镇因海拔高度和四面环山的地形影响,具有冬长、夏短、秋早、春晚的特点。

(6) 遂川县:遂川县属亚热带湿润季风气候区,具有四季分明、日照充足、无霜期长等特点。年平均气温18.6 ℃,极端最高气温39.7 ℃,极端最低气温－6.6 ℃,≥10 ℃的活动积温为4 800 ℃;遂川县降雨量充沛,多年平均降雨量1 600 mm,4—6月降雨量集中,年均蒸发量1 533 mm;年平均无霜期287 d,多年平均风速为2.0 m/s,常年主导风向为东北风,夏季主导风向西南风。

2.3 设计施工总承包概况

宜春至遂川高速公路新建工程宜春至安福段采用设计施工总承包(EPC)模式,中标人为江西省交通工程集团有限公司与广西交通设计集团有限公司联合体。

2.3.1 EPC联合体成员

江西省交通工程集团有限公司(以下简称"江西交工")系江西省主营工程施工、建筑材料业务的大型建筑企业集团,集工程施工、科研设计、地产开发、投融资等多种业务于一体,隶属于江西省交通投资集团有限责任公司。截至2023年9月底,公司注册资本金30.72亿元,总资产223.23亿元,净资产37.83亿元,年营收、承揽业务总额连续三年双超百亿元,旗下设有13个直属单位,现有员工1 600余人。曾获得中国建筑优秀百强企业、全国首批公路建设百家诚信企业等荣誉,连续三年获评全省功勋企业、百强企业,全省百强企业排名连年晋升至23位。江西交工是江西省首家同时具有公路工程施工总承包特级和公路工程设计甲级双项资质的龙头企业,设有企业技术中心和桥梁智能养护工程技术研究中心两个省级平台,研发成果获省部级科技进步奖18项,获得国家及省部级工法53部、专利155项,编撰了行业技术标准和地方标准11部。采用多种融资模式投资建设了公路、市政、高铁等项目,并以丰富的项目管理经验,承担了江西省绝大多数高速公路、国省道公路重要路段的建设,承建的项目先后获评鲁班奖、詹天佑奖、李春奖、杜鹃花奖、国家优质工程奖等省级以上奖项24项。同时,江西交工积极对接国家"一带一路"建设和国际产能合作,大力实施"走出去"战略,相继承建埃塞俄比亚、肯尼亚、马拉维等非洲国家多个工程项目。

广西交通设计集团有限公司(以下简称"公司")成立于1960年,隶属于广西北部湾投资集团,是集公路、水运、市政、建筑、数字交通等领域的规划咨询、勘察设计、试验检测、安全评价等于一体的科技型企业,是广西交通工程技术服务行业的主力军。2021年,公司荣获全国五一劳动奖章,2022年入选国家级"科改示范企业"。公司持有公路、水运、市政、建筑设计等26项甲级资质,业务范围覆盖国内20多个省(区、市),以及老挝、柬埔寨等东盟国家,勘察设计了最美高速——靖西至那坡高速公路、已建成的世界第一拱——平南三桥、在建世界第一拱——天峨龙滩特大桥等一批精品项目,正在参与平陆运河勘察设计。作为国家高新技术企业,公司合作建设了3个国家工程实验室广西分实验室等科研平台,搭建了4个省级工程(技术)研究中心,牵头组建了1个自治区创新联合体,并承担了广西交通运输云数据中心、广西交通安全研究中心、广西交通规划研究中心等工作。公司掌握了大跨拱桥设计、岩溶隧道勘察、膨胀土处置、内河船闸设计、高速公路三维数字孪生等一批国内领先水平的核心技术,多次获得国家科技进步一、二、三等奖,国家优质工程金质、银质奖以及国家优秀设计奖,累计获得工程类、科技类国家级奖项178项,主编或参编标准规范179部。

2.3.2　宜遂高速公路SSA标段情况

宜春至遂川高速公路新建工程项目宜春至安福段设计施工总承包SSA标段合同工期33个月(2020年7月至2023年3月),实际工期30个月(2020年7月至2022年12月),缺陷责任期24个月,保修期60个月。本合同段施工桩号为K1+200～K75+120(含断链),主线长73.9 km,其中K0+420～K16+222路段按双向六车道建设,路基宽度为33.5 m;其余路段按双向四车道建设,路基宽度为26.0 m;路基长度37.693 km(占比51.01%),桥梁长度18.445 km(占比24.96%),隧道长度17.762 km(占比24.04%)。

具体工程量如下:

路基工程:土石方1 774.82万 m³;

路面工程:沥青路面207.9万 m²;

桥梁涵洞工程:特大桥2 133 m/2座,大桥16 018.5 m/42座,中桥164 m/2座,分离式立交桥129 m/1座,涵洞工程171道;

隧道工程:隧道17.762 km/10座;

防护排水工程:防护工程28.43万 m³,排水工程108.58 km。

2.3.3　EPC集约化管理新模式

依托成熟的管理经验和先进的技术优势,江西交工决定在宜遂高速项目中采用设计施工总承包EPC集约化管理新模式,摸石过河,辟出一条创新路,使得设计、采购、施工深入融合,质量和效益大幅提升,产业发展升级,在项目实施过程中明确责任,优化项目管理。总承包单位承担了设计、采购、施工的全部责任,合同责任界面清晰、明确,避免了传统模式中设计、施工责任不清导致的扯皮现象,同时满足了业主多元化、专业化的需求。有鉴于此,打造了全流程网上工程管理系统,践行集约化管理思路,在传统工程项目管理的基础上,对供方选择、合同管理、材料管理、结算管理、支付管理等,全面实行无纸化工程管理流程网上流转,提升管理效率。

第 2 章
宜遂高速公路项目概况

(1) 选好人。积极培育"三优三合格"的管理团队,江西交工始终将人才和技术支撑作为项目建设的重要保障。为了做好宜遂总包项目,厉兵秣马,备足人才。从各子公司抽调管理人员,专门聘请桥隧专家1人,35岁以下年轻干部在关键岗位上担任职务的有9人,体现了江西交工对组建一支优秀管理团队、做优做强一个大项目的必胜信念。通过该项目,培育一批党建优、技术优、管理优,政治合格、素质合格、能力合格的复合型人才,打造一支具有江西交工特色的施工铁军,进而提升企业核心竞争力。更加注重在项目一线发展党员,把政治上成熟、业务上过硬、群众口碑好的专业技术人才、优秀青年职工吸纳进党组织,通过这个大项目给人才以历练的机会、成长的平台和提升的空间。在供方选择方面,其总体原则是,由各分部按照程序负责供方的推荐,上报项目经理部审批,由项目经理部与之签订合同,未经项目经理部备案同意的,不得实施。这样既保证了各分部管理的效率,也保证了进场供方的质量。

(2) 用好料。在项目主材供应方面,由江西交工物资公司统一实施,有利于控制成本。在材料管控方面,推行使用物料验收管控系统,地磅验收数据与工程管理系统对接,提高效率,杜绝材料管理的漏洞。在质量管理方面,建立以江西交工直属恒通检测公司为主体的质量检测监督机构,全力确保项目工程质量达到优秀。

(3) 配好机。打造一流硬件,推行"智慧工地"指挥中心,从项目设计、施工、管理等全周期智能化介入,依托无人机应用、物联网技术及"物联网＋大数据"技术手段,对工程进行全方位管理,将党建与工程管理、安全管理、人才管理紧密结合起来,推动项目施工建设向数字化、智能化、专业化发展,规范施工管理,提升工程管理效益。同时,江西交工总部为宜遂项目一次性新购大品牌拌和楼20套、精品机制砂加工设备2套等,为项目的混凝土质量上台阶奠定了坚实基础。

(4) 立好规。项目进场之初就制定了管理大纲,实行在质量管理委员会领导下的质检工程师负责制,工程部是现场质量管理的主要职能部门,质检部是项目质量监督的主要职能部门,试验室是项目质量监督实施主体,并对施工项目工程质量进行全过程监督检查。以试验室的数据为依据,加上现场质检员的监督,实行质检工程师一票否决权制度,确保全部工程达到优良标准。工地试验室验收合格并获得试验室临时检测资质后,在质检工程师的监督、指导下开展工作。

(5) 培好土。通过公司技术中心支持与配合,更加注重在项目施工过程中总结经验,将劳动汗水转化为智力成果,提高知识产权意识,为下一步公司高新技术企业申报增添助力,推动公司高质量发展;要进一步加大科研力度,不断完善智慧工地建设,在项目建设过程中发挥示范效应,把项目打造成培育新技术、获取新发现的沃土,技术成熟后要在其他项目中推广应用。通过精细化项目管控、现代化技术管理、集约化过程管控,最大限度地创造效益、提高品质,实现经济效益上的盈利目标,打造新时代美丽高速新典范。

2.4 双碳绿色公路创建措施

2.4.1 创建背景

宜遂高速公路建设项目沿线资源禀赋优异。项目途经明月山国家森林公园、武功山金顶景区、武功山羊狮慕景区、井冈山风景名胜区、三湾国家森林公园5个国家级旅游风景名胜区,上跨袁水河、泸水河、禾水河、四方井水库、社上水库等众多水系和重要水源地,穿越楠木林及棘胸蛙等自然保护区,生态环境敏感,环保要求和水资源保护要求极高。对此,宜遂项目办和宜遂SSA标段坚持以更高站位、更高标准,推动生态环境保护各项工作,努力实现全方位绿色管理,全过程采用绿色技术,以建设环境友好型、资源节约型、管理高效型、创新驱动型的绿色公路为目标,最终形成可复制、可推广、可借鉴的"宜遂方案"。

2.4.2 双碳举措

按照宜遂项目办确定的"传承红色基因,坚持生态优先,打造美丽高速,铸就百年品质"的建设理念,以党建强保障,以创新为驱动,以精益求品质,以廉洁促高效,争创绿色智慧示范项目,努力实现"打造新时代美丽高速新典范"的建设目标,力争创建部级品质工程示范项目。本项目中,基于双碳理念下的项目建设举措如下:

1. 创新举措,锻造品质绿色底色

为贯彻绿色发展理念,宜遂项目在筹建之初就坚持将绿色低碳可持续发展道路融入项目建设管理中。在前期筹建阶段,系统周密地开展针对性的项目前期策划,把绿色公路建设生态保护列为《宜遂高速公路项目品质工程方案》的重中之重。

2020年7月,宜遂项目全线开工建设,项目共设1个设计施工总承包标段、13个路基标段。为实现不同区域、不同管理模式的14家企业绿化施工一盘棋的管理格局,宜遂项目办通过多种举措,全力推动环水保施工的高效落地。

(1)提出"环评前置、方案先行"的举措。组织有关部门,开展《项目对环境评估影响报告书》以及《水土保持方案报告书》的编制工作,并通过专人及时报送至主管部门审批,2020年10月13日已经完成批复。在项目办的精心指导下,各施工单位已完成环境保护施工方案和水土保持施工方案的评估与论证工作。

(2)构建江西首个"三个中心"专项管理模式项目。项目建设管理者引入第三方,提出打造江西首个"三个中心"专项管理模式项目,组建工程质量中心、工程安全中心、工程环保中心,全面负责项目质量、安全、环保方面的管理工作。

(3)打造江西首批集规划、设计、施工、运营于一体的美丽公路项目。严格执行生态选线理念,进行环保美学设计,对沿线、互通立交等重要节点进行绿化设计以及互通小品氛围营造,重点打造"明月山商业综合体服务区"以及"井冈山红色旅游服务区",争创一个部级绿色智慧服务区。将宜遂高速的修建与沿线明月山、武功山及井冈山等丰富旅游资源相结合,对于促进其沿线地区的旅游、经济和社会发展具有重要意义。

(4)推进环水保管理创新。把专业的事交给专业的团队去做。宜遂项目办与环水保管家已经签订了合同,相应地编制了监理、检测方案。环水保管家已经进驻项目,进行全方位的监理检测,使项目建设与环境工程并驾齐驱,使环保执法与巡查落到实处,有效地遏制因项目施工发生的环保违法行为。

2. "永临结合",实现绿色资源节约

宜遂项目沿线横跨多个风景名胜区和重要水源地,生态环境保护至关重要。为此,项目在设计阶段就高度重视环境因素,充分考虑了区域地形地貌特征。坚持采用生态选线和环保选线的理念,努力在保护生态资源与项目建设之间寻求平衡。对沿线资源的利用效率提出了极高的要求,力求将对环境的影响降到最低。通过精心规划和创新设计,项目致力于在实现建设目标的同时,最大限度地保护沿线的自然景观和水资源。这种严格的生态保护标准,体现了项目建设方对环境责任的深刻认识和坚定承诺。

3. 落实落细,绿色理念见行见效

建设过程中,为实现宜遂高速的"把工程轻轻放进大自然的"至高生态追求,宜遂建设管理者始终坚守初心使命,层层压实管理责任,全过程落实"三同时"制度,多措并举构建起人与自然和谐共处的自然生态。

(1)通过组织环境保护与水土保持知识培训及技术交底,邀请环境保护与水土保持方面的专家开展环水保培训,聘请水保环保管家对环境保护与水土保持进行技术交底会,为项目环水保工作奠定坚实的基础。

(2)严格控制施工范围,不突破施工边界,临时工程尽量布置在永久占地范围内,有效避免施工活动对周边生态环境造成的破坏。主线路基设置完善的排水系统,减轻路基表面径流对周边环境的影响;同时,通过合理调配土石方,减少取(弃)土方数量和临时占地数量,同步做好取弃土场的截排水措施,及时进行平整、覆土和开展植被恢复。针对各标段拌和站生产废水五级沉淀池,生产废水经沉淀后循环使用不外排。生活废水经处理后,排入周边农田灌溉水系,严禁排入沿线敏感水体。桩基设置泥浆沉淀池,防止泥浆外流,出口设置缓冲池沉砂。临河施工边坡和平台采取有效拦挡和覆盖措施,防止河道冲刷;同时,各施工单位根据标段实际,将由于施工造成的水系变化修筑专用水渠引流至自然水系,确保水土流失得到有效改善。设置规范的桩基泥浆沉淀池,如图2.1所示。

图 2.1　设置规范的桩基泥浆沉淀池

(3) 严格控制噪声扰民。在项目施工过程中,加强环境管理,合理优化施工安排和时间,尽量避免夜间施工,有效缓解施工噪声对周边居民的生活影响。

(4) 加强大气环境保护及固体废物处置。在项目施工过程中,为做好施工期扬尘污染防治,对施工车辆采取密闭运输、遮盖物料、洒水降尘等措施,同时在各拌和站筒仓设置布袋除尘器并定期更换,在物料堆场设置自动喷淋系统和雾炮机用于抑尘,有效缓解了项目施工对周边大气环境的影响。针对运输车辆维修,各项目部采取就近原则送至维修点进行处理,需要现场维修的,维修完毕后施工废油交由维修厂家带出施工场地后进行专业处置,生活垃圾定期交由当地环卫部门进行处理。

(5) 抓实生态环境内控管理。在项目施工过程中,督促各施工单位及时有效解决施工过程中带来的生态环境问题。设置环保违法举报箱,将环保违规行为纳入党风廉政建设管理,对有关当事人实行约谈。

宜遂高速建设者在施工管理中以制度为先导,科学施策,统筹兼顾,积极实践探索出一系列绿色低碳管理办法和环保节能创新技术,使项目整体与沿线景区山水有机融为一体,创造出一条美丽高速的雏形。

4. 生态为本,持续增进绿色福祉

全线所有参建标段在重要场站都设置了自动喷淋系统,场站裸土进行植被绿化,购置车辆清洗装置,安排洒水车队在沿线和村庄进行不定期降尘处理。

合理利用路基清表土。科学选好临时堆放场,进行分类堆放,完善临时防护、排水系统和警示标志,便于集中管理和利用,共计减少弃土 200 多万 m^3,节约相关征地 300 余亩[①]。目前,清表土已逐步利用到边坡绿化中。清表土利用如图 2.2 所示。

图 2.2 清表土利用

---

① 1 亩≈667 m^2

第3章

双碳背景下公路建设绿色生态技术

江西素以山水秀丽著称,近年来在推动绿色交通发展方面取得了显著成效,特别是在新能源交通工具推广、交通运输结构优化、绿色交通基础设施建设和交通污染防治等领域,江西省紧扣"走在前、勇争先、善作为"的目标,围绕建设高水平交通强省的主线,深入推进绿色交通发展,积极助力双碳目标的实现。

在双碳背景下,绿色公路建设是落实绿色交通理念、推动健康可持续发展的重要体现,直接关系到双碳目标的实现。绿色公路的选线优化是一个复杂且关键的决策过程,涉及工程技术、经济效益、交通安全、社会影响和环境保护等多重因素。为了科学制定路线方案并实现公路总体设计的绿色化,必须开展多方案研究、论证和比选工作。这一过程不仅要考虑传统的工程技术要求,还需严格遵循绿色生态建设技术的标准,确保公路选线、设计、施工和运营的全过程符合绿色低碳发展的要求,从而最大限度地减少对自然环境的影响,推动公路建设与自然生态和谐共生。

3.1 宜遂高速最佳最绿路线

3.1.1 绿色选线理念

交通是经济的命脉和文明的纽带,也是落实"生态优先、绿色发展"理念的主战场。近年来,我国加速推进交通强国建设,已建成全球最大的高速铁路网、高速公路网以及世界级港口群,综合交通网总里程突破600万km。交通运输部发布了《绿色交通"十四五"发展规划》,明确到2025年,交通运输领域将初步形成绿色低碳的生产方式,基本实现基础设施环境友好、运输装备清洁低碳、运输组织集约高效,为实现碳达峰、碳中和目标奠定基础。

从交通运输部《关于实施绿色公路建设的指导意见》和《关于打造公路水运品质工程的指导意见》得知,要想建设绿色品质高速公路工程,就必须明确树立五大发展理念,落实"四个交通"发展要求,围绕"绿色公路"和"品质工程"两大建设目标,在理念、管理、技术、文化等方面全方位、全过程贯彻落实绿色品质公路建设新理念,总结绿色公路、品质工程的建设经验,提高工程建设质量,保护生态环境,建成一批绿色品质高速公路示范工程。

根据绿色品质公路建设理念,对高速公路路线方案设计要求进行优化,可以按照以下原则进行:

(1)统筹规划与合理布局:路线设计应遵循"统筹规划、合理布局、集约高效"的原则,积极推动高速公路与普通公路、公路与铁路之间的资源共享,形成综合交通网络。在确保交通功能的同时,要充分考虑沿线地区的经济发展、城乡规划、环境保护和土地资源的合理利用。

(2)保护耕地与生态环境:在选线设线时,应尽量避开基本农田,严格控制对耕地的占用,避免不必要的土地割裂。设计应采取综合措施,如低路堤、浅路堑等方案,减少对土地的破坏,并强调取土、弃土与土地改造、复垦的有机结合,实现土地资源的可持续利用。

(3)生态保护优先:设计应遵循生态优先原则,依法避让自然环境和人文景观保护区、生态水源保护区等敏感区域。在路线选择上,应采取生态环境保护设计,采用生态环保技术和材料,减少对生态环境的影响,促进公路与自然环境的和谐共生。

(4)全寿命周期成本控制:在工程设计和施工中,应综合考虑公路的运营维护成本,采用全寿命周期成本分析方法,推广使用钢结构桥梁等耐久性强、维护成本低的材料和技术,实现长期成本效益最大化。

(5)推广绿色建造技术:鼓励使用节能减排技术和绿色建筑材料,如再生材料、低碳混凝土等,减少建设过程中的能源消耗和环境污染;同时,注重施工过程中的环境保护,减少噪音、扬尘等污染。

(6)智能化与安全性:结合现代信息技术,提升公路智能化水平,通过智能交通系统(ITS)等手段提高行车安全性和效率;同时,注重公路景观设计,提升道路整体美观性和使用者的舒适度。

(7)途径自然景观、名胜古迹的高速公路,要做到与周围自然环境、人文景观相协调,重点加强对原始生态环境和重要人文遗迹的保护。

3.1.2 宜遂高速绿色路线

宜遂高速沿线山峰林立、沟壑纵横、植被丰富、水系密布,生态敏感点、生态红线多而复杂,把宜遂高速公路打造成一条生态和谐之路是全体项目建设者的孜孜追求。为了建设绿色文明江西，"宜遂人"以绿色为底色，以理念为方向，高质量推动生态文明江西建设。

宜遂建设管理者把绿色公路生态保护列为《宜春至遂川高速公路品质创建方案》中的重中之重，把绿色公路建设理念与新时代美丽高速公路结合起来高位推进，至此，一道以生态保护为中心的亮丽风景线在宜遂全线展开。

"多种选线"手段，定最佳最绿路线。在实际工程建设中，为呵护一方水土，实现绿色发展方式与高速公路建设的深度融合，宜遂项目从选线到修建，与设计单位调查研究了沿线地形地貌特征和自然资源情况，充分考虑了占用耕地、高填深挖、生态环保等因素，通过生态选线、环保选线、安全选线等多种手段，最终确定最佳最绿路线。宜遂高速绿色路线如图 3.1 所示。

图 3.1　宜遂高速绿色路线

3.2　生态边坡防护技术

3.2.1　生态边坡防护技术演化

公路系统对沿线生态环境的影响主要表现在公路建设过程中对地形、地貌、水文、植被和生态资源的破坏。由于修建公路的需要，造成了高填路基或深挖路堑，使得公路沿线生态系统遭到破坏、植物覆盖层消失、岩石裸露，从而产生严重的水土流失，更为严重的水土流失将导致山体滑塌、滑坡及泥石流，给人民生命财产带来巨大威胁。

生态防护是通过用新鲜植物来替代纯工程防护的方式，以达到稳固坡面与抵御腐蚀的作用。新鲜植物根部透过边坡表面的松散风化层，再锚固到稳定层，有锚杆的作用。除此之外，降雨时植物还能截留一部分雨水，起到削减溅蚀的作用，从而减少了对坡面的腐蚀作用。另外，微生物的土壤调节功能也保护着高速公路的边坡。

高速公路边坡生态防护研究在国外起步较早，以美国和日本为代表。日本是高速公路修建最早的国家之一，始于20世纪中期。在高速公路发展过程中，日本始终注重生态环境保护，并形成了完善的生态防护技术体系。日本高速公路建设与绿化同步发展，从最初的简单绿化到如今的生态防护体系，经历了漫长的研究和实践。绿化技术涵盖了乔木、灌木、草本植物的有效结合，并形成了完善的技术体系。绿化采用机械和人工相结合的方式，机械施工包括种子喷播、客土喷播和厚层基材喷播等，人工施工包括植生带法、植生网法和植生袋法等。日本在客土喷播技术方面取得了显著成果，已研发了20多种实用技术。此外，日本还研发了植生袋、植生网等多种绿化材料。美国在高速公路绿化中率先使用液压喷播技术，并将其应用于边坡生态防护，其绿化技术对其他国家产生了重要影响，许多国家借鉴了美国的经验。

国内高速公路边坡防护最初以单一的工程护坡为主，直到20世纪末期才开始采用植物护坡，近几年生态护坡技术发展迅速，逐渐从单一的工程护坡向生态护坡转变，并开始探索建立生态公路。

当前生态边坡防护技术及其适用条件如表3.1所示。

3.2.2 宜遂项目边坡生态防护技术

在公路融于自然、顺应自然方面，宜遂项目中公路建设穿越多样性地貌、途经多个风景名胜保护区，如果植被恢复不当，容易引起路域水土流失。开工时，为全面保护生态植被，严格控制施工界面，注重"永临结合"源头治理，通过填"绿"扩"绿"，既保障了植物景观绿化的美观性和适用性，又保护了当地自然生态的生物多样性。边坡成形一个，绿化一个。护卫绿水青山，恢复沿线植被不留"空白"。施工中，围绕项目建设的环境保护、水土保持和绿化美化等实际工作，要求各参建单位做到路基边坡施工一级、成型一级、验收一级、绿化一级，实现"带绿施工"，防治水土流失，努力做到绿化工程与主体工程同步同向而行。在宜遂高速公路中，主要应用了草灌混播防护技术、改良喷播植草技术、挂网客土喷播技术等。

表 3.1 生态边坡防护技术及适用范围

防护技术分类			技术名称	适用坡度	建议适用边坡类型
边坡生态防护技术	生态防护基础工程技术		1. 铺设三维网	<35°	土质缓坡或斜坡
			2. 土工网	<30°	土质平滑的缓坡，表层粗粒多
			3. 土工格室	<60°	土质平滑的缓坡、斜坡或陡坡
			4. 石笼工程	<30°	坡体渗水或涌水较多的缓坡
			5. 坡体排水工程	—	—
	植被培育技术	播种工程	1. 种子喷播技术	<30°	土壤肥沃、湿润侵蚀轻微的缓坡
			2. 客土种子喷播技术	<45°	岩土质的缓坡或斜坡
			3. 喷混植生 挂网喷混植生	45°~70°	绿化覆盖率大于90%的岩质陡坡
			不挂网喷混植生	<45°	绿化覆盖率不高(60%以上)的岩质斜坡或陡坡
			4. 植生网、植生毯垫	<45°	土壤贫瘠的岩质缓坡、斜坡
			5. 植生袋	45°~75°	土壤贫瘠的岩质陡坡
		栽植工程	1. 植生盆	45°~75°	坚硬、不平整、裂隙和微地形的岩质陡坡
			2. 挂笼砖	>75°	绿化覆盖率需大于90%的稳定的岩质特陡坡
			3. 飘台种植槽	>60°	中风化和微风化的岩质陡坡或特陡坡
			4. 钉钵苗栽植	>60°	中风化和微风化的岩质陡坡或特陡坡
			5. 栅栏栽植	<45°	适用于土砂堆积比较厚的斜坡或缓坡
			6. 栽植穴植苗	>60°	岩质、混凝土陡坡或特陡坡
			7. 台阶式金属笼栽植	>60°	岩质、混凝土陡坡或特陡坡
			8. 挂金属栽植笼	>60°	岩质、混凝土陡坡或特陡坡
			9. 台阶栽植	>60°	稳定陡坡或特陡坡
			10. 利用废弃轮胎恢复植被技术	>45°	稳定陡坡或特陡坡
			11. 植苗与喷混植生复合技术	>60°	稳定陡坡或特陡坡
		植被诱导工程		—	—
	维护管理技术		浇水、追播、施肥、择伐等密度管理以及滴灌技术	—	—

1. 草灌混播防护技术

草灌混播防护技术是一种生态修复措施，主要用于公路、高速公路、铁路建设等过程中形成的大量边坡的治理。这种技术通过种植不同类型的植物，如草、灌木和花卉，来创建一个多样化和立体的植被结构，从而提高边坡的生态系统的抗性和稳定性,同时也美化景观。草灌混播技术的应用条件多种多样,主要包括三种类型的边坡:土质边坡、半风化边坡和岩质边坡。这些边坡的特点各不相同,例如,土质边坡一般位于开挖边坡的坡顶或由填方而成的下边坡,而岩质边坡则通常位于坡面最下层,岩石未风化。

在实际应用中,草灌混播技术包括多种施工方法,如液压喷播、锚杆挂钢丝网喷混植生、挂塑料三维网喷播植生等。这些方法的选择取决于边坡的类型和特点。例如,液压喷播主要用于土质坡面,而锚杆挂钢丝网喷混植生则适用于岩质坡面或弱风化的坡面。草灌混播技术的优点包括有效避免种子流失、快速喷播以及适用于高陡坡等。这种技术不仅有助于稳定边坡,还能提高生态环境的质量。宜遂高速项目中,广泛应用了草灌混播技术,起到边坡生态防护作用,如图3.2所示。

图3.2 草灌混播生态防护

本项目边坡生态防护时直接在坡面喷射基材及植物种子(无须打锚杆挂网,基材厚度 $h \geqslant 5$ cm)。植物配制:采用喷播草花+灌木+点栽乔木(马尾松、木荷)。客土喷播草籽配比为:

狗牙根:$0.5 \sim 1.0$ g/m^2;

白三叶:$3 \sim 4$ g/m^2;

大叶金鸡菊:$0.5 \sim 1.5$ g/m^2;

多花木兰:$1 \sim 2$ g/m^2;

截叶胡枝子:$2 \sim 3$ g/m^2。

马尾松、木荷采用一年生营养袋装小苗,以人工直接点栽方式进行种植,保证马尾松每百平方米60棵,木荷每百平方米40棵。

稳定的多级土(砂)质边坡及做骨架防护的全风化岩质边坡,主要为喷播植生,为了达到近期与远期相结合的景观效果,采用喷播植草花+灌木+点栽小乔木为主。喷播植生配方:

狗牙根:0.5～1.5 g/m²;

白三叶:3～4 g/m²;

决明:2～3 g/m²;

大叶金鸡菊 1～1.5 g/m²。

然后坡面人工点栽一年生营养袋装小苗——马尾松和木荷,保证马尾松每百平方米60棵,木荷每百平方米40棵,忌成行成排。

2. 改良喷播植草技术

改良喷播植草技术是基于传统的湿式普通液压喷播技术,通过对其施工工艺进行创新改进,以适应江西红砂岩边坡等特定地质条件。该技术特别适用于风化或半风化红砂岩、网纹层红壤以及部分煤矸石边坡等难以通过常规湿式喷播成功建坪的环境。这种新型生物防护技术的核心优势在于显著提高了防护草坪的成坪速度和效果,同时大幅降低了成本。相比传统的客土喷播和其他生物防护方法,改良喷播植草技术的成本仅为其25%～50%,从而为生态修复和边坡稳定提供了一种经济高效的选择。改良喷播生态防护如图3.3所示。

图 3.3　改良喷播生态防护

相对于传统的客土喷播技术而言,改良喷播植草技术具有施工速度快、防护效果好的特点。该技术在坡面处理上与客土喷播技术有显著差别:客土喷播的坡面处理仅仅是处理坡面危石,该技术的坡面处理是在坡面开挖利于蓄水载土的穴或圆洞,洞深保证为15～20 cm。在坡面处理后,在洞底放入足量的基肥及保水剂,保证植物持续强劲生长。该技术能够有效地改善坡面的土壤性质,为植物提供适宜的生长条件,发挥更大的护坡能力。该方法显著降低了施工成本,在某种意义上对我国中西部欠发达地区来说是比客土喷播技术更合适的技术。尽管对于硬度较大或坡度较陡的边坡仍存在一定的局限性,且目前该技术主要靠人工进行,机械化程度较低,但不失为一种新型的坡面生物防护措施,具有一定的应用前景。

3. 挂网客土喷播技术

挂网客土喷播技术是一种用于高速公路边坡植物防护的方法,其主要原理是在边坡上锚固金属网、钢筋网或高强塑料三维网,然后使用压缩空气喷枪将混合好的客土喷射到坡面上,再在其上喷射植被种子。这种技术通过植被发达的根系和网体的紧密结合,达到对公路边坡的防护目的。它适用于边坡比较稳定、坡面冲刷轻微的路堤与路基,用以防止边坡表面水土流失,固结表土,增强路堑边坡的稳定性,并美化环境。

在高速公路建设中,挖方路段形成的裸露路堑坡面容易受风雨侵蚀,导致水土流失,危及公路安全。挂网喷播技术能有效地解决这一问题。对于岩质坡面,由于其硬度大、土壤少,植物生根、发育困难,挂网喷播技术提供了有效的解决方案。该技术包括在坡面上开挖楔形沟,回填适宜于草种生长的土壤、养料、土壤改良剂等种植基质材料,然后挂三维植被网,再覆盖基质材料喷播植草。这种方法不仅提高了施工速度,还改善了养护条件,提高了植物的成活率。挂网喷播技术如图 3.4 所示。

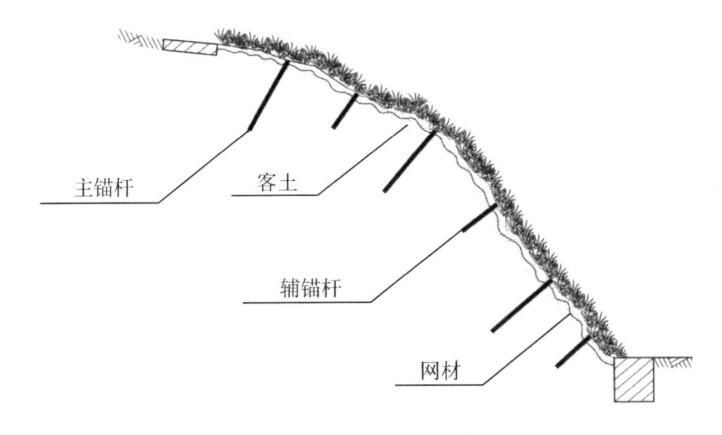

图 3.4 挂网喷播技术

本项目挂网客土喷播主要用于中、微风化边岩石坡且坡率、立地条件较差,多级边坡的中部及 1~2 级边坡坡面。施工时先在坡面打锚杆挂网,再喷射基材及植物种子(基材厚度 $h \geqslant 8$ cm),锚杆长 0.8 m,采用 $\phi 14$ 螺纹钢筋,机编高强镀锌双钮铁丝网(网孔尺寸 90 mm×130 mm,丝径 $\phi 2.0$ mm)。植物配制:采用喷播草花+灌木+点栽乔木(马尾松、木荷)。客土喷播草籽配比为:

狗牙根:0.5~1.0 g/m²;

白三叶:3~4 g/m²;

大叶金鸡菊:0.5~1.5 g/m²;

多花木兰：1～2 g/m²；

紫穗槐：3～4 g/m²；

刺槐：3～4 g/m²；

截叶胡枝子：2～3 g/m²。

马尾松、木荷采用一年生营养袋装小苗，以人工直接点栽方式进行种植，保证马尾松每百平方米60棵，木荷每百平方米40棵。如边坡岩性为微风化时，且立地条件较差，施工中可适当增加厚度，以保证存活率。

4. 植生袋绿化

植生袋（也叫BAG）是把草种均匀地固定在一层纸与一层无纺布的中间，再将纸和无纺布固定在特制编织袋内表面而成。把草种、肥料、保水剂等按一定的密度定植在可自然降解的无纺布或其他材料上，并经过机器的滚压和针刺的复合定位工序，形成一定规模的产品。植生袋的立体网状纤维结构吸收了雨水冲击所产生的能量，能起到防止土壤侵蚀之功效，并且能有效阻止土壤颗粒的移动；雨水在纤维层内的流动，减小了雨水形成径流对土壤地表的冲刷力；植生袋使植物种子分布更加均匀，且不受人为因素和水流冲刷的扰动，保持稳定状态，改善了绿化效果，同时节约了种子的播种量。框格＋植生袋生态防护如图3.5所示。

图 3.5　框格＋植生袋生态防护

对于框格锚杆、大导管注浆碎支撑梁进行工程加固的边坡，框架内坡面可采用植生袋（BAG）植生护坡措施进行生物防护。植生袋绿化是边坡生态修复的重要手段，作为景观材料，植生袋稳定性高，并能有效防止雨水冲刷和坡面土石滑动，还能为不同类型边坡植被生长提供必需的营养基质，种植方式多样，为边坡坡面植被类型的选择提供了空间。

植生袋施工铺设简便,重量较轻,方便运输。植物出苗率高,坡面绿化效果持续稳定。抗拉强度高,无须担心草种纸带被撕破。草种分布均匀,避免了后期草坪浓密不均。无须再次喷洒草种子,避免了草种浪费,减少了施工程序。草种的种类可以随意改变,可根据需要更换不同草种。后期草种长出后,抗风、保温、保湿,种子出苗整齐、美观;成本低廉,生产简单,省时省工,增强作业面及种子抗雨水冲刷能力;抗紫外线、高耐腐蚀、透水性与透气性俱佳,强度高、抗老化。总而言之,植生袋防护草种成活率高,生产效率高,施工效率高,逐渐成为高速公路边坡绿化中重要的施工方法之一。

3.3 景观设计及生态复垦

高速公路作为自然景观与人工构造的融合体,承担着重要的交通运输功能,同时也面临着环境保护的挑战。高速公路建设往往会对周边自然与人文景观造成一些负面影响,引发资源与环境的矛盾,并对沿线生态系统造成压力。本项目沿线山峰林立、沟壑纵横、植被丰富、水系密布,生态敏感点、生态红线多及复杂,将其打造成一条生态和谐之路是全体项目建设者的孜孜追求。为了建设绿色文明江西,"宜遂人"以绿色为底色,以理念为方向,高质量推动生态文明江西建设。宜遂建设管理者把绿色公路生态保护列为《宜春至遂川高速公路品质创建方案》中的重中之重,把绿色公路建设理念与新时代美丽高速公路结合起来高位推进。

3.3.1 景观设计理念及实践

1. 景观设计原则

生态景观规划是高速公路绿化工程中的关键环节,其旨在实现生态系统的恢复和维护,同时提升景观质量,生态景观规划应强调生态系统恢复和保护,其景观设计原则如下:

(1) 因地制宜

高速公路景观绿化设计,需要充分考虑到不同植被对环境的差异化需求,因此因地制宜的原则至关重要。为了实现科学合理的布局方案,设计时需重点关注以下几个方面:

①地理条件:不同地区的地理条件差异显著,包括地形、土壤类型和水文地质等。因此,设计时需综合分析当地地理条件,选择适应当地环境的植物种类,并进行合理的布局规划,确保植物能够健康生长,并达到最佳绿化效果。

②气候条件:气候因素对植物的生长和发展起着决定性的作用。设计时需根据区域气候特点,选择适应当地气候条件的植物品种,例如耐寒植物适合寒冷地区,耐热植物适合炎热地区;同时,还要考虑植物的遮阴和防风等功能,为驾驶者提供舒适、安全的交通环境。

③可持续性:景观绿化设计应秉持可持续发展理念,选择具有较强适应性、耐旱、耐盐碱等特性的植物,以减少对水资源和养分的依赖,提高景观绿化的可持续性。这样的设计不仅能够美化环境,还能在保护生态环境的同时,实现资源的合理利用。

(2) 安全高效

高速公路景观绿化设计应安全至上,兼顾生态与效益,应将道路使用者的安全放在首位,并通过景观的提示作用,确保行车安全。具体设计环节应遵循以下原则:

①视觉安全,减轻视疲劳:选择色彩柔和、层次丰富的植物,并合理布局,避免单一色调,缓解驾驶员视觉疲劳。防眩:在中分带绿化设计中,应注重防眩要求,选择低反光植物,并合理控制高度,避免阳光反射影响驾驶员视线。诱导视线:通过植物的形状、颜色和排列,引导驾驶员视线,提高道路安全性。

②区域安全,互通绿化:在分流区、汇流区等区域,应选择低矮、疏散的植物,避免遮挡视线,确保行车安全。隧道洞口:针对洞口"减光"问题,应采取针对性绿化措施,降低"黑洞效应",确保驾驶员顺利进入隧道。

③植物选择与布局,视线安全:选择不会遮挡道路标志和交通信号的植物,确保驾驶员能够清楚地识别交通信息。边坡稳定:选择根系发达、固土能力强的植物,降低边坡土壤侵蚀和滑坡风险。植物安全:避免使用有毒、刺激性的植物,以减少对人体的潜在威胁。

④可维护性,易于管理:选择生长速度快、易于管理的植物品种,降低养护和管理成本。生态效益:选择具有净化空气、涵养水源、固土防沙等生态效益的植物,兼顾生态效益与经济效益。

(3) 生态保护

高速公路景观绿化设计应秉持尊重自然、保护生态环境的理念,并与周边景观和文化元素相融合,打造和谐、美丽的交通环境。具体而言,应遵循以下原则:

①尊重自然,保护生态。积极践行"不破坏"的设计理念,最大限度地维护原有自然景观,使其成为道路建设的一部分。选择适应当地环境的植物种类,并合理规划种植布局,避免对生态环境造成负面影响。尽量保留原有植被,避免过度开挖和填埋,保护土壤和水资源。

②融入周边景观和文化。合理采取相关措施,做好对道路周边景观的维护及管理,使其与高速公路景观相协调。将当地文化元素融入景观设计中,例如,选用具有地方特色的植物、雕塑等,提升道路景观的文化内涵。与周边景区、村庄等进行景观衔接,形成整体的景观格局。

2. 宜遂项目实践

宜遂项目秉承"打造新时代美丽高速"的建设理念,在施工现场对路基标准段和微地形施工标准"把脉问诊""开出良方",为全线路基标段和景观绿化单位提供经验借鉴。

(1) 景观绿色施工要求

①中央分隔带绿化。中央分隔带采用的树种为红叶石楠球和海桐球,单排栽植,株距为 80 cm,底下铺设台湾青草皮。两种方案每 5 km 交替种植。

②破碎台绿化。碎落台(盖板明边沟)回填 40 cm 的种植土,地面满铺台湾青草皮,种植灌木(红花夹竹桃或紫薇)采用毛球(小叶女贞或海桐)搭配,单排种植,灌木间距 5 m。采用 2 种方案,5 km 依次变化。如施工中灌木与毛球种植位置发生冲突,可对灌木栽种位置微做调整。

③护坡道绿化。护坡道分 A、B、C、D 型排水沟类型:A 型适用于分隔墙(挡土墙)外排水沟,无须绿化;B 型主要用于主线及互通匝道;C 型可用于互通匝道、连接线、取弃土场、改路等,考虑到 B、C 型排水沟的护坡道宽度有限,只在靠近边坡的一侧栽种乔木,在靠近隔离栅一侧则栽种爬藤植物,表面喷播草籽;D 型可用于非冲刷段填方坡脚或对绿化景观要求较高的公路路段,只在靠近边坡的一侧栽种乔木,表面喷播草籽。

④互通景观绿化。互通匝道区绿化以安全性为主,环形匝道围合区域靠近道路转弯处是影响道路司机视线的重要部位,因此,转弯处 24 m 内不宜栽植遮挡视线的乔灌木,采用喷薄草籽、铺草皮、模纹色带等形式,形成开阔明朗、大气简洁的植物景观;边坡区绿化突出保护作用及绿色效果,选择具有护坡功能的植物,提高安全性;出入口区绿化强调导向功能,选用乡土特色植物,突出标志性、时代性特色种植。

⑤隧道口景观绿化。隧道洞门仰坡绿化,以恢复洞门周边生态为主,将主体工程对环境造成的破坏进行修复。乔木为主、灌木为辅。场区中间大片场地均种植乔木,仅在靠近行车道的地方栽植少量灌木,整体打造乔木为主、灌木为辅的群落效果。常绿为主、落叶为辅。植物种类和数量均以常绿植物为主,适当栽植少量落叶植物。按照中间高、两侧低的原则栽植。隧道口分离式中分带场地中间以自然式栽植乔木为主,可以满足防眩要求。常绿植物配合观花、观叶、造

型树种栽植。同种植物按组团栽植。同种植物按照三五组团、五七组团或大面积片植的形式种植,不同植物又相互穿插种植,形成同一片区多种植物共存的自然式生态效果。

⑥服务区景观绿化。绿化隔离带区以防尘、降噪功能为主,以带状绿地为主要表现形式,分隔服务区与高速公路,规则式布置加以乔灌草结合,形成良好的隔离效果;综合楼区景观绿化设计以少而精为原则,与建筑景观相协调,体现以人为本的设计理念,结合园林植物达到高规格的精细化设计;停车区以植物遮阴为主,栽植冠大荫浓、分支点高又具有当地特色的乔木。

(2)景观绿色案例

①永新东互通微地形营造秉承"工程美"与"生态美"相融合理念,在微地形打造之初,坚持先制定方案,后规划设计,再精细施工。营造前期邀请有关专家到现场指导,结合多方建议,依据地形地貌特点,兼顾生态、人文等因素进行了微地形的规划;在施工过程中,做好盯控调度,紧盯细节,精雕细琢,确保地形营造有特色、出亮点。永新东互通景观设计如图3.6所示。

图3.6 永新东互通景观设计

②碧溪枢纽占地面积约435亩,匝道10条,形成几十处三角地带,每处呈现高低、大小、比例、外观形态不同的地形。为依形而造,顺势而为,项目办组织园林绿化设计单位及景观施工单位现场进行指导,在"精"和"巧"上做文章,充分利用路基清表土,构建多层级立体式的景观空间,形成生态环境与园林艺术高度融

合的效果。坚持绿色环保理念,以生态边坡代替硬质防护,优化枢纽排水设计方案,三角地带周边排水以浅蝶式边沟及散排为主。碧溪枢纽景观设计如图3.7所示。

图 3.7　碧溪枢纽景观设计

③黄坳隧道进口广场微地形营造点,建设单位首先由机械设备进行微地形的初步整理,把微地形的大致轮廓整理成型。人工配合对场地进行精细化施工,将场地进行精心修整,对场地边缘做细节化处理,保证微地形的整体美观。

④路基标准段涵洞工程现场,涵洞帽石及八字墙施工规范标准,满足洞口三线平行(帽石顶、洞顶、八字墙端墙顶)、四线一面(八字墙端墙外边线与墙身);涵洞洞口边坡防护优化设计为满铺实心六棱块设计,既美观又实用;涵洞通道沉降缝处理线型直顺,人工凿除沉降缝施工隔板,用热沥青麻絮将沉降缝填充密实;涵洞通道内拉杆孔(含八字墙)处置工艺采用了三段式止水螺杆代替普通螺杆防止涵洞内渗水影响外观及螺杆孔处漏浆,止水螺杆中间有止水片;拆模时,相比普通穿墙螺杆整体抽出,重复使用,止水螺杆则拆掉墙外两段连接杆后,中间段留在墙体,以保证墙体的不透水性,外观和止水效果进一步改善。

⑤宜遂项目围绕"美丽高速新典范"的目标,坚持"零星点缀"的景观设计理念,突出重点部位,形成高低有落差,色彩有差异,层次分明的小范围组团式景观效果,然后以点带面整体烘托出整块场地的景观美化效果,努力形成"局部有亮点,整体有美观"的大场景。

3.3.2　生态复垦理念及实践

在项目建设过程中,不同类型的工程对土地的破坏方式各有差异。以公路建设项目为例,其对临时用地的破坏主要表现为压占。为了确保这些被破坏的土地能够得到及时有效的恢复和再利用,必须对土地的损毁程度进行细致分析。接着,依据土地的自然属性和破坏状况,进行土地复垦的适宜性评估,以确定最终的复垦方向和成果,为复垦工作的执行提供科学依据。

1. 土地损毁预测分析

(1)进行土地损毁的预测分析。这需要结合项目的特点、建设时序、当地的环境和社会经济状况,以及主要的施工工艺和土地特征,将项目区域内的土地损毁范围划分为多个预测单元,如拌和站、材料堆场、弃土场、施工便道、制梁场等。根据《土地复垦条例》等相关规定,以及公路建设项目占用临时用地的具体特点,土地损毁预测应包括土地类型、破坏方式、面积和程度等内容。

(2)根据土地损毁的预测内容,采用不同的预测方法。土地损毁方式的预测可以通过空间分析,根据临时用地的规划用途和位置来进行。损毁土地面积的预测则可以通过勘界测量和定量统计分析来实现。土地类型的预测需要结合现场调查资料和土地利用现状图来确定。而土地损毁程度的预测则应通过定性与定量相结合的方法,描述不同损毁形式的程度和复垦的难易程度。

(3)根据项目区的现状以及造成的环境和资源破坏程度,将土地破坏程度分为三个评价等级,并进行相应的赋值。这些等级包括1级破坏(轻度破坏)、2级破坏(中度破坏)和3级破坏(重度破坏)。在评价压占土地的损毁程度时,可以参照类似工程的评价因素和等级标准,来确定土地破坏程度的分级标准。

通过这样的分析和评估,可以为土地复垦工作提供明确的指导和依据,确保土地资源得到有效的保护和可持续利用。

2. 生态环境影响分析

在项目建设过程中,土地的压占损毁对土地资源、生物资源、水资源都会产生显著影响。以遂川至大余高速公路某标段项目为例,临时用地的场地硬化和材料堆放等活动,可能会引起土壤结构的改变,进而导致土壤硬化和污染问题。同时,施工期和营运期对项目区内植被的破坏,以及对周边环境的污染,也是不容忽视的问题。

为了尽量避免或减轻项目建设可能带来的生态环境影响,在施工和营运过程中,必须采取一系列防治措施。这包括加强现场管理、定点堆放材料、保护现有植被、实施水土保持措施、避让水源以及保护水质等。这些措施旨在最大限度地减少对环境的负面影响。

施工结束后,土地复垦工作的及时开展至关重要。通过实施工程技术、生物化学、水土保持等复垦措施,可以逐步恢复生态环境,使其达到可利用的状态。这样的做法不仅能够修复受损的土地,还能促进区域的生态平衡和可持续发展。

3. 土地复垦适宜性评价

为了确定项目区内临时用地的最终复垦方向和结果,需要对该区域内的各损毁预测单元进行细致的土地复垦适宜性评价。这一评价过程应结合定性与定量分析的方法,以确保评价结果的准确性和科学性。

在定性分析阶段,对复垦区进行全面的综合分析,初步判定各评价单元的适宜性等级和潜在的复垦方向。这一步骤有助于形成一个关于土地复垦的基本框架,为后续的定量分析奠定基础。

而在定量分析阶段,则采用极限条件法,该方法依据各评价因子中的最低等级来确定整体的适宜性等级。这种方法确保了评价结果的保守性,即在任何潜在的复垦活动中,都将优先考虑最不利的条件,以确保复垦工作的有效性和可持续性。

通过这种综合定性与定量分析的方法,可以更加准确地评估项目区各评价单元的土地复垦适宜性,为复垦工作的实施提供坚实的数据支持和科学依据。

随着我国土地资源的日益紧张,土地问题已经成为制约国民经济发展的关键因素。通过土地复垦工作,不仅能够有效减轻项目建设对土地的破坏,还能够改善项目区的生态环境,这对于促进经济发展、维护社会稳定和保护环境都有着至关重要的作用。在实施临时用地复垦之前,进行土地损毁程度分析和复垦适宜性评价是至关重要的。这些评估工作有助于清晰地界定损毁土地的复垦方向,从而提升复垦工作的效率和成效。

宜遂某标段占用临时用地总面积为 31.85 hm^2,占用土地类型为园地、林地、草地、工矿用地、住宅用地、交通运输用地类,该项目临时用地使用结束后,需要全部复垦,复垦率100%。根据土地复垦适宜性评价要求,依据土地破坏程度的分级标准,对各损毁单元进行了综合加权计算,从而得出了项目区压占土地损毁程度的评价结果,最终确定项目区各评价单元的复垦方向,复垦为原地 8.76 hm^2,林地 23.09 hm^2。

3.4 生态旅游收费站及服务区

3.4.1 生态旅游设计理念

随着高速公路建设的快速发展,其对周边生态环境的影响日益凸显。如何有效减缓公路建设对生态系统的干扰,实现公路建设与自然环境的和谐共生,成为亟待解决的关键问题。作为高速公路绿化工程的关键环节,生态规划应运而生。其目的不仅在于提升公路景观质量,更重要的是通过一系列生态友好的规划原则,实现生态系统的恢复和维护,最终实现公路建设的可持续发展。

生态规划强调将生态系统恢复和保护放在首位。这意味着在规划初期,就需要对拟建公路周边的生态环境进行全面评估,识别、标记和尽可能保留湿地、森林、草地和河流等关键生态系统。规划师应尽量避免公路穿越或分割这些生态系统,而应通过巧妙的设计,例如建设生态通道和生态廊道,来维持生态系统的连接性,保障物种迁徙和基因交流。此外,选择合适的植物物种,特别是乡土植物,对于恢复当地生态系统的完整性和生物多样性也至关重要。

公路收费站及服务区生态旅游设计是指在规划和建设公路时,充分考虑生态保护、旅游体验和可持续发展等因素,以实现公路与自然环境、旅游活动和地方文化的和谐共生。应坚持以下原则:

(1) 生态保护优先:在规划和设计阶段,应尽量避免对生态环境敏感区域的破坏,如自然保护区、湿地、森林等。如果不可避免,应采取有效的生态补偿措施。

(2) 可持续材料和技术:在建设过程中,应使用可持续和环保的材料和技术,如再生材料、节能照明、雨水收集系统等,以减少对环境的影响。

(3) 生物多样性保护:设计时应考虑动物迁徙路径,提供生物通道(如野生动物桥或隧道)以保护生物多样性,减少动物与车辆碰撞的风险。

(4) 旅游设施和服务:在公路沿线合理设置观景台、休息区、信息中心、步行道等旅游设施,提供便利的同时增强旅游体验。

(5) 文化和历史保护:在设计公路时,应尊重和保护沿线的文化和历史遗迹,避免对其造成破坏。

(6) 智能交通系统:利用现代技术,如智能交通管理系统,提高公路的安全性和效率,减少对环境的影响。

通过这些原则措施,不仅能够提供安全、高效的交通服务,还能够增强游客的旅游体验,促进当地经济和文化的可持续发展,同时保护自然环境和生态系统。

3.4.2 宜遂高速生态旅游

宜遂高速沿线山峰林立、沟壑纵横、植被丰富、水系密布,生态敏感点、生态红线多及复杂,把宜遂高速公路打造成一条生态和谐之路是全体项目建设者的孜孜追求。为了建设绿色文明江西,"宜遂人"以绿色为底色,以理念为方向,高质量推动生态文明江西建设。在打造精品收费站和服务区方面,将宜遂高速的修建与沿线明月山、武功山及井冈山等丰富旅游资源相结合,形成一批具有当地山川风貌、风俗文化特点的收费站和服务区。

1. 明月山收费站

明月山旅游区位于宜春市中心城西南 15 km 处,旅游区面积 104 km^2。景区由 12 座海拔千米以上的大小山峰组成,主峰太平山海拔 1 735.6 m。明月山景区融山、石、林、泉、瀑、湖、竹海为一体,集雄、奇、幽、险、秀于一身,拥有五项国字号桂冠:国家级风景名胜区、国家 AAAAA 级旅游景区、国家森林公园、国家地质公园、国家自然遗产。此外,明月山景区还是江西省新赣鄱十景之一,也是全国自驾游示范基地、中国最具影响力森林公园、中国首批自驾车旅游统计信息数据采集点,是一个"以月亮情吸引人,用生态美景留住人"的集生态游览、休闲度假、科普教育、宗教旅游为一体的山岳型风景名胜区。

明月山收费站(图 3.8),作为宜遂项目的标志性建筑,以其独特的设计理念和生态旅游的内涵展现了一种新型的旅游服务设施。其大棚投影面积达到 1 033 m^2,车道设计宽敞,设有"三进五出"的通行车道,确保了交通的流畅与高效。主体建筑的设计巧妙融入了明月山的风景元素,将自然与建筑和谐地结合在一起。屋面瓦采用了冷灰色的英红瓦,这种瓦色不仅美观耐看,还与周围的自然环境相得益彰。立柱则选用了干挂荔枝面的黄锈石,这种石材的天然纹理和色彩,为整个建筑增添了厚重与质感。天棚的框架梁柱和屋面檐口特别采用了铝单板外包,这种材料的选择既保证了建筑的耐用性,又赋予其古朴而典雅的外观。整体建筑风格既现代又不失传统韵味,成为宜遂项目中一道亮丽的风景线。

图 3.8 明月山收费站

明月山收费站的设计不仅注重了实用性和美观性,更体现了生态旅游的内涵。它以其独特的建筑风格和与自然和谐共生的设计理念,向游客传递着保护环境、尊重自然的重要信息,成为生态旅游理念在公共服务设施中的生动实践。

2. 井冈山东服务区

井冈山,革命历史辉煌,自然风光绚烂,红绿辉映,是国家 AAAAA 级旅游景区、国家级自然保护区、全国红色旅游景区、世界生物圈保护区。井冈山位于江西省西南部,地处湘赣两省交界的罗霄山脉中段,古有"郴衡湘赣之交,千里罗霄之腹"之称。井冈山自然风光绚烂,红绿辉映,融为一体,是全国著名的革命圣地。井冈山,以其辉煌灿烂的革命历史,铸就了蜚声中外的"红色摇篮"。

20 世纪 20 年代末,毛泽东、朱德等老一辈无产阶级革命家率领中国工农红军来到这里开展了艰苦卓绝的井冈山斗争,创建了中国第一个农村革命根据地,点燃了中国革命的星星之火,开辟了"农村包围城市、武装夺取政权"具有中国特色的革命道路,中国革命从这里走向胜利;这里孕育了伟大的井冈山精神,激励无数英雄儿女前赴后继。从此,鲜为人知的井冈山被载入中国革命历史的光辉史册,被誉为"中国革命的摇篮"和"中华人民共和国的奠基石",成为一个没有围墙的革命历史博物馆,成为人们陶冶情操、净化心灵、提升境界、坚定信念的生动课堂,成为进行爱国主义教育和革命传统教育的重要基地。

井冈山东服务区(图 3.9)是泰井高速与宜遂高速共享的服务区,其建筑主体呈品子形布局,以中心为对称,塑造大气肃穆的空间感,建筑外立面及场区小品以井冈山主题为元素,打造融入当地特色的服务区。服务区综合楼内设置 650 m² 井冈山文化展览体验馆、300 m² 井冈山特产乡村振兴超市,让过往群众"不入井冈山,即享红色景",从而打造成一个弘扬江西红色文化的驿站。

图 3.9 井冈山东服务区

第 4 章

双碳背景下公路低碳集约施工技术

宜遂高速公路建设项目通过整合多项绿色技术,致力于建设环境友好型、资源节约型、高效管理型、创新驱动型的绿色公路。项目开展了废旧轮胎改性沥青绿色利用、隧道洞渣机制砂综合利用和沥青拌和站油改气工程等系列绿色措施创新,以实现全方位的绿色管理和低碳集约施工。废旧轮胎改性沥青绿色技术的实施有效提升了沥青的性能,减少了废弃物对环境的影响;隧道洞渣机制砂综合利用通过将隧道施工过程中产生的洞渣转化为机制砂,减少了对天然砂的需求,降低了生态破坏的风险;而沥青拌和站油改气工程则通过使用天然气替代传统燃油,显著降低了施工过程中的污染物排放。项目公路低碳集约施工技术的成功实施不仅为区域生态环境保护做出了贡献,还形成了可复制、可推广、可借鉴的"宜遂方案",可以为未来的公路建设提供示范与引领,为实现国家的双碳目标贡献力量。

4.1 废旧轮胎改性沥青绿色利用技术

江西交工宜遂高速 SSA 标路面分部为了践行绿色发展理念,打造低碳环保美丽高速,施工中,积极推进沥青摊铺技术革新,在沥青拌和料中添加由废旧轮胎研磨而成的橡胶粉,形成"橡胶粉复合改性沥青",实现资源循环利用,使摊铺出来的路面成品光洁平整、美观耐用。本标段主要工程量为级配碎石底基层 160.093 0 万 m^2、水泥稳定碎石下基层 295.053 4 万 m^2、多孔隙稳定碎石基层 9.010 1 万 m^2、高渗透乳化沥青(透层)139.798 6 万 m^2、SBS 改性沥青单层表处(下封层)190.025 0 万 m^2、沥青稳定碎石上基层(ATB-25)163.355 万 m^2、改性乳化沥青(黏层)350.814 6 万 m^2、橡胶粉复合改性沥青下面层(RAC-20C)206.986 2 万 m^2、橡胶粉复合改性沥青表面层(RAC-13C)206.355 0 万 m^2。

4.1.1 材料要求及准备

1. 橡胶粉

路用橡胶粉应选用常温磨细的废轮胎橡胶粉,且宜选择斜交胎胶粉或天然胶含量较高的橡胶粉。

废轮胎橡胶粉应干燥、无污染,在与沥青和骨料的拌和中,能自由流动而不产生泡沫。可以加入碳酸钙或滑石粉以防止橡胶粉粘在一起,但用量不能超过橡胶粉重量的3%。废轮胎橡胶粉颗粒粒径宜在30～60目范围内,技术指标与技术要求应符合表4.1和表4.2的规定。

表4.1 废轮胎橡胶粉的物理技术指标与技术要求

技术指标	相对密度	水分(%)	金属含量(%)	纤维含量(%)
技术要求	1.10～1.30	<1	<0.03	<1

表4.2 废轮胎橡胶粉的化学技术指标与技术要求

技术指标	技术要求
灰分(%)	≤8
丙酮抽出物(%)	≤16
炭黑含量(%)	≥28
橡胶烃含量(%)	≥48
天然胶含量(%)	≥25

废轮胎橡胶粉应存储在通风、干燥的仓库中,并应采取有效的防淋、防潮措施及消防措施。废轮胎橡胶粉的现场储存时间不宜超过180 d。

2. 道路石油沥青

道路用石油沥青采用70号道路石油沥青,其技术要求应符合表4.3的规定。

表4.3 70号道路石油沥青技术要求

技术指标	单位	技术要求
针入度(25 ℃)	0.01 mm	60～80
针入度指数(PI)	—	−1.5～+1.0
软化点(环球法)	℃	≥46
动力黏度(60 ℃)	Pa·s	≥180

续表

技术指标		单位	技术要求
延度(10 ℃)		cm	≥20
延度(15 ℃)		cm	≥100
薄膜烘箱试验(163 ℃,5 h)残留物	质量变化	%	±0.8
	针入度比	%	≥61
	延度(10 ℃)	cm	≥6
蜡含量(蒸馏法)		%	≤2.2
闪点		℃	≥260
溶解度(三氯乙烯)		%	≥99.5
相对密度(25 ℃)		—	实测

注：老化试验以RTFOT为标准，也可以用TFOT代替。

3. 橡胶粉复合改性沥青

橡胶粉复合改性沥青采用现场专用设备制备，其技术要求应符合表4.4的规定，其生产配方经宜遂项目第三方及监理单位平行验证合格后，报总监办审批。

表4.4 胶粉复合改性沥青技术要求

技术指标	单位	技术要求
180 ℃旋转黏度	Pa·s	2.0~4.0
针入度	0.01 mm	40~60
软化点(环球法)	℃	≥65
弹性恢复	%	≥60
延度(5 ℃)	cm	≥10
离析软化点差	℃	≤3
密度	g/m³	实测

注：布氏黏度采用27号转子以50 r/min的转速进行试验。

4. 粗集料、细集料及填料

橡胶粉复合改性沥青混合料用粗集料应采用石质坚硬、清洁、干燥、不含风化颗粒、近立方体颗粒的碎石，粗集料技术要求应符合表4.5的规定。表面层所用粗集料与沥青的黏附性应达到5级。

表 4.5 粗集料技术要求

指标		单位	高速公路、一级公路	
			上面层	下面层
石料压碎值		%	≤26	≤28
高温压碎值		%	≤28	≤30
洛杉矶磨耗值		%	≤28	≤30
磨光值		—	>42	—
表观相对密度		—	≥2.60	≥2.50
吸水率		%	≤2.0	≤3.0
坚固性		%	≥12	≥12
针片状颗粒含量	混合料	%	≤15	≤18
	粒径大于 9.5 mm	%	≤12	≤15
	粒径小于 9.5 mm	%	≤18	≤20
水洗法<0.075 mm 颗粒含量		%	≤1	≤1
软石含量		%	≤3	≤5

胶粉复合改性沥青混合料用细集料必须采用由优质的 9.5 mm 以上石灰岩碎石经专门设备加工的机制砂,严禁使用石屑。机制砂应坚硬、洁净、干燥,无风化、无杂质,有适当级配,其技术要求应符合表 4.6 和表 4.7 的规定。

表 4.6 细集料(机制砂)技术要求

技术指标	单位	技术要求
表观相对密度	—	≥2.50
坚固性(>0.3 mm 部分)	%	≥12
水洗法<0.075 mm 颗粒含量	%	≤10
砂当量	%	≥60
亚甲蓝值	g/kg	≤25
棱角性(流动时间)	s	≥30

表 4.7 细集料级配要求

粒径(mm)	通过下列方孔筛(mm)的质量百分率(%)						
	4.75	2.36	1.18	0.6	0.3	0.15	0.075
0~2.36	100	80~100	50~80	25~60	8~45	0~25	0~10

胶粉复合改性沥青混合料用填料应采用石灰石矿粉、消石灰粉或水泥,不得使用回收粉尘。矿粉应干燥、清洁,能从矿粉仓中自由流出。矿粉技术要求应符合表 4.8 的规定。

表 4.8 矿粉技术要求

技术指标		单位	技术要求
表观密度		g/cm³	≥2.50
含水量		%	≤0.5
粒度范围	<0.6 mm	%	100
	<0.15 mm	%	90~100
	<0.075 mm	%	85~100
亲水系数		—	<1
塑性指数		%	<4
外观		—	无团粒结块

4.1.2 配合比设计标准

本项目沥青混合料上面层结构为 4 cm RAC-13C 胶粉复合改性沥青混凝土,下面层结构为 6 cm RAC-20C 胶粉复合改性沥青混凝土。粗集料采用碎石,细集料采用机制砂,沥青采用橡胶粉复合改性沥青。

胶粉复合改性沥青混合料的配合比设计以骨架结构为原则,优化实际级配,采用马歇尔试验方法进行。进行目标配合比设计和生产配合比设计时,制备试件的混合料,采用小型沥青混合料拌和机拌和,模拟生产实际情况。每组试件个数 4~6 个。试件成型温度、拌和压实温度可参照表 4.9 执行。

表 4.9 胶粉复合改性沥青混合料室内拌和与击实温度   (℃)

矿料温度	185~195
沥青加热温度	180~190
沥青混合料拌和温度	180~185
试模预热温度	165~175
试件成型温度	165~170
试件成型终了温度	不低于 145
拌和时间(min)	3

胶粉复合改性沥青混合料试件密度试验方法:统一用表干法的毛体积相对密度。胶粉复合改性沥青混合料的最大理论密度采用计算法确定。胶粉复合改性沥青混合料的技术要求应符合表 4.10 的规定。

表 4.10　橡胶粉复合沥青混合料马歇尔试验技术指标

试验项目	单位	RAC-20C	RAC-13C
击实次数(双面)	次	75	75
试件尺寸	mm	$\phi 101.6\ mm \times 63.5\ mm$	$\phi 101.6\ mm \times 63.5\ mm$
孔隙率(VV)	%	3~5	3~5
矿料间隙率(VMA)	%	≥14	≥14
稳定度(MS)	kN	≥8	≥8
流值(FL)	0.1 mm	20~50	20~50
沥青饱和度(VFA)	%	70~85	70~85
浸水马歇尔残留稳定度	%	>80	>85
冻融劈裂强度比	%	>75	>80
低温弯曲试验破坏应变	με	≥2 500	≥2 800
动稳定度	次/mm	>4 000	>5 000
渗水系数	mL/min	<120	<80

密级配胶粉复合改性沥青混合料应采用间断型级配,其设计级配范围宜符合表 4.11 的规定。

表 4.11　胶粉复合改性沥青混合料级配范围

混合料类型	通过下列方孔筛(mm)的质量百分率(%)											
	26.5	19	16	13.2	9.5	4.75	2.36	1.18	0.60	0.30	0.15	0.075
RAC-13C			100	90~100	60~71	24~35	19~28	14~23	12~19	9~15	7~12	3~8
RAC-20C	100	90~100	75~88	62~76	45~59	24~35	17~27	14~21	9~17	6~13	4~10	3~8

4.1.3　配合比设计阶段

胶粉复合改性沥青混合料配合比设计过程主要包括目标配合比设计、生产配合比设计和生产配合比验证三个阶段。遵照下列步骤进行:

1. 目标配合比设计

(1) 原材料检测

从工程实际使用的材料中取各种代表性原材料,分别按照现行《公路工程沥青及沥青混合料试验规程》(JTG E20—2011)和《公路工程集料试验规程》(JTG 3432—2024)对各类矿料进行筛分,并对道路石油沥青、胶粉、胶粉复合改性沥青、各类矿料和外掺剂进行检测,确保原材料的质量。

(2) 矿料配合比设计

矿料配合比设计宜利用矿料筛分结果借助电子表格通过试配法进行。

①设计矿料配合比时,在级配范围内调整各种矿料的比例,设计三组粗细不同的级配,使合成级配曲线分别位于级配范围的上方、中值、下方。

②根据实践经验选择适宜的橡胶沥青用量,初始胶粉复合改性沥青用量宜采用4%～6%;按照初选的矿料级配与初始胶粉复合改性沥青用量制作马歇尔试件,一组试件的个数不应少于4个,分别制作上述三组不同粗细级配的马歇尔试件,进行马歇尔试验,初选一组满足或接近设计要求的级配作为设计级配。

(3) 确定设计胶粉复合改性沥青用量

应根据确定的混合料设计级配,以初始沥青用量为中值,按照一定间隔(0.3%～0.5%),取5个或5个以上不同的沥青用量分别成型马歇尔试件,每组试件的试样数不应少于4个;并测试计算各组试件的密度、空隙率、矿料间隙率、沥青饱和度、稳定度、流值等,分别绘制各项体积指标与沥青用量的关系曲线;根据设计空隙率,并综合考虑其他各项体积指标是否满足技术要求确定最佳胶粉复合改性沥青用量。

(4) 配合比设计检验

按以上设计矿料配合比和设计橡胶沥青用量制备马歇尔试件,进行浸水马歇尔试验、冻融劈裂试验、高温动稳定度试验,试验结果必须满足要求,不符合要求必须重新进行配合比设计。符合要求的配合比可以作为目标配合比,供拌和楼确定各冷料仓的供料比例、进料速度及试拌使用。

2. 生产配合比设计

对间歇式拌和机,应按规定方法取样测试各热料仓的材料级配,确定各热料仓的配合比,供拌和机控制室使用。同时选择适宜的筛孔尺寸和安装角度,尽量使各热料仓的供料大体平衡。并取目标配合比设计的最佳沥青用量OAC、OAC±0.3%等3个沥青用量进行马歇尔试验和试拌,通过室内试验及从拌和机取样试验综合确定生产配合比的最佳沥青用量,由此确定的最佳沥青用量与目标配合比设计的结果的差值不宜大于±0.2%。

3. 生产配合比验证

拌和机按生产配合比结果进行试拌、铺筑试验段,并取样进行马歇尔试验,同时从路上钻取芯样观察空隙率的大小,由此确定生产用的标准配合比。标准配合比的矿料合成级配中,至少应包括 0.075 mm、2.36 mm、4.75 mm 及公称最大粒径筛孔的通过率接近目标配合比级配值,并避免在 0.3~0.6 mm 处出现驼峰。

经设计确定的标准配合比在施工过程中不得随意变更,但在生产过程中应加强跟踪检测,严格控制进场材料的质量。

4.1.4 试验段试铺

胶粉复合改性沥青混合料施工开工前,需先做试铺路段;试铺路段宜选在直线段,长度应不小于 300~600 m;试铺路段施工分为试拌和试铺两个阶段,需要决定的内容包括:

根据各种机械的施工能力相匹配的原则,确定适宜的施工机械,按生产能力决定机械数量与组合方式。

通过试拌决定拌和楼的操作方式,如上料速度、拌和数量与拌和时间、拌和温度等;验证胶粉复合改性沥青混合料的配合比设计和沥青混合料的技术性能,决定正式生产用的矿料配合比和胶粉复合改性沥青用量。

通过试铺决定摊铺机的操作方式,如摊铺温度、摊铺速度、初步振捣夯实的方法和强度、自动找平方式等;确定压实机具的选择、组合、压实顺序、碾压温度、碾压速度及遍数;用水准仪定点测量高程的方法确定胶粉复合改性沥青面层的松铺系数;确定施工产量及作业段的长度,修订施工组织计划。

全面检查材料及施工质量是否符合要求,确定施工组织及管理体系、质保体系、人员、机械设备、检测设备、通信及指挥方式。

本节以下面层试验段铺筑为例,对其试验段铺筑流程进行介绍。

1. 施工流程及工艺

下面层(RAC-20C)施工工艺流程为:施工准备→下承层验收→清理下承层→黏层油喷洒→施工放样→沥青混合料拌和→沥青混合料运输→沥青混合料摊铺→碾压→交通管制。

(1)下承层检查验收

根据《公路工程质量检验评定标准 第一册 土建工程》(JTG F80/1—2017)要求对下承层进行检查验收,对不符合要求的地方及时采取措施处理。

开始摊铺前对下承层进行清扫、冲洗干净,确保上基层沥青混凝土空隙中没有泥砂等夹层,清除上基层上的油污等。

(2) 黏层油喷洒

黏层油喷洒:喷洒应均匀,确保黏层洒布量 0.4 kg/m²。喷洒时沿路基纵向匀速喷洒乳化沥青,先洒布靠近中央分隔带的一个车道,由内向外一个车道接着一个车道喷洒,下一个车道与前一个车道原则上不重叠或少重叠,但保证不漏洒,漏洒处采用人工机械喷洒设备补洒。

(3) 测量放样

测量工程师根据施工图恢复中、边线,根据中线确定出结构层的设计宽度,直线段每 20 m 设 1 个放样点,超高路段每 10 m 设 1 个放样点,样点间用白灰画出一条标准的施工基线,用于摊铺机作为摊铺基准线。

桥头、隧道洞口及两边部分通过导线控制,基线 10 m 一桩,钢桩要牢固,导线松紧适度(1 000 N 以上),导线长度为 150 m 左右,其余路段均采用平衡梁控制方式摊铺。

(4) 沥青混合料生产

混合料拌和采用 LB-4000 型间歇式沥青拌和楼,最大生产能力为 320 t/h。其自动化程度高,计量准确稳定,矿料从送料、烘干、计量到拌和均能自动控制,确保在单位时间内始终均匀地保持有与生产配合比相同比例的集料进入拌和机,保证拌和出的沥青混合料均匀一致,无离析、花白现象。

橡胶粉复合改性沥青下面层(RAC-20C)沥青混合料的优点是具有良好的高温性能,但缺点是难于压实,为了确保路面的压实,混合料各个阶段的温度宜选择中偏上的温度。

2. 橡胶粉复合改性沥青混合料的运输

(1) 橡胶粉复合改性沥青混合料采用较大吨位的运料车运输,但不得超载运输,或急刹车、急弯掉头使透层、封层造成损伤。运料车的运力应稍有富余,施工过程中摊铺机前方应有运料车等候,宜待等候的运料车大于 4 辆后方可开始摊铺。

(2) 运料车使用前后必须清扫干净,在车厢板上喷洒一薄层防止沥青黏结的隔离剂或防黏剂,但不得有余液积聚在车厢底部。从拌和机向运料车上装料时,汽车前、后、中移动 3 次平衡装料,以减少混合料离析。橡胶粉复合改性沥青混合料采用苫布覆盖保温、防雨、防污染。

(3) 运料车出厂时由专人逐车检测混合料温度,采用数字显示插入式热电偶温度计检测沥青混合料的出厂温度和运到现场温度,插入深度约 150 mm,保证温度符合相关规定;运料车进入摊铺现场时,轮胎上不得沾有泥土等可能污染路面的脏物。沥青混合料在摊铺地点凭运料单接收,若混合料不符合施工温度要求或已经结成团块、已遭雨淋的,不得铺筑。

(4) 摊铺过程中,摊铺机前运料车数量不少于 3 辆等待,卸料时在摊铺机前 10～30 cm 处挂空挡等候,由摊铺机推动前进开始缓缓卸料,避免撞击摊铺机。运料车每次卸料必须倒净,如有剩余,应及时清除,防止硬结。

3. 橡胶粉复合改性沥青混合料的摊铺

(1) 橡胶粉复合改性沥青混合料应采用履带式摊铺机摊铺,摊铺机的受料斗应涂刷薄层隔离剂或防黏结剂。卸料过程中要有专人指挥,保证上一车卸完料后,下一车能及时供料,不得中途停机卸料,减少温度离析造成混合料的不密实。

(2) 摊铺机开工前应提前 0.5～1 h 预热熨平板,不低于 130 ℃。橡胶粉复合改性沥青混凝土下面层(RAC-20C)摊铺采用履带式摊铺机连续进行,根据项目部沥青拌和站的产量和运输能力,摊铺速度控制在 2～3 m/min,根据摊铺当天的天气情况、摊铺时段及摊铺位置正确选择相适应的摊铺速度;摊铺过程中应做到缓慢、均匀、不间断地摊铺,铺筑过程中应选择熨平板的振捣或夯锤压实装置具有适宜的振动频率和振幅,以提高路面的初始压实度。熨平板加宽连接应仔细调节至摊铺的混合料没有明显的离析痕迹。

(3) 用机械摊铺的混合料未压实前,施工人员严禁进入踩踏。出现离析现象时,在现场技术人员指导下,由人工找补和更换混合料。

(4) 摊铺厚度和平整度由找平系统(平衡梁)控制,摊铺时密切注意平衡梁的粘料情况,发现粘料时及时清除,防止产生拉痕;摊铺过程中随时检查摊铺层厚度及路拱、横坡。

(5) 摊铺机提前调整到最佳工作状态,调好螺旋布料器两端的自动料位器,并使料门开度、链板送料器的速度和螺旋布料器的转速相匹配。螺旋布料器中的混合料控制在略高于螺旋布料器 2/3 为宜,使熨平板的挡板前混合料的高度在全宽范围内保持一致,避免摊铺层出现离析现象。

(6) 根据材料检测数据及以往项目施工经验,下面层(RAC-20C)松铺系数暂定为 1.25,摊铺前熨平板预热至 130 ℃ 以上。摊铺时熨平板预拱度调整不大于熨平板长度的 0.3%,夯锤等级与摊铺速度相匹配,使初始压实度不小于 85%,摊铺机熨平板拼接紧密,不留有缝隙,避免摊铺的混合料出现划痕。

(7) 拢料时避免料斗拉空,留有一定高度的混合料,以减少面层离析。

4. 橡胶粉复合改性沥青混合料的压实

(1) 沥青混合料的压实。沥青混合料在摊铺后紧跟碾压,确保初压温度控制在规定范围内。

(2) 采用振动压路机时,压路机轮迹重叠宽度 10~20 cm;采用胶轮压路机时,压路机轮迹重叠 1/3~1/2 的碾压宽度;采用双钢轮压路机时,相邻碾压带重叠后轮的 1/2 并不小于 20 cm。

(3) 试验段机械设备组合:采用 3 台 13 t 双钢轮压路机+3 台 37 t 胶轮压路机,橡胶粉复合改性沥青混合料压实分为初压、复压、终压三个阶段,各阶段压实一律遵循"先轻后重、先低后高、紧跟慢压、高频低幅"的原则。

(4) 采用高频低幅、紧跟慢压的方式进行。压路机分为两列三排,前排两台双钢轮压路机进退均振压,紧跟摊铺机,不得碰撞摊铺机,后退长度不超过 30 m。后排两台胶轮压路机分别紧跟前排两台双钢轮压路机,与之同进同退,后退长度不超过 45 m。第三台胶轮压路机进行全断面紧跟补压,最后一台双钢轮压路机尽可能在较高温度下采用静压收光至无轮迹印,长度不得超过 60 m。

K63+700~K64+200 左幅橡胶粉改性沥青混凝土下面层试验段碾压采用两种碾压方案分别进行,如下:

方案一

初压:2 台双钢轮压路机静压 2 遍,速度 2~3 km/h。

复压:2 台双钢轮压路机振压 1 遍,速度 3~5 km/h;2 台胶轮压路机碾压 2 遍,速度 3~5 km/h;1 台胶轮压路机碾压 1 遍,速度 3~5 km/h。

终压:1 台双钢轮压路机静压收光 1 遍,速度 3~6 km/h。

方案二

初压:2 台双钢轮压路机前静后振 1 遍,速度 2~3 km/h。

复压:2 台双钢轮压路机振压 1 遍,速度 3~5 km/h;2 台胶轮压路机碾压 3 遍,速度 3~5 km/h;1 台胶轮压路机碾压 1 遍,速度 3~5 km/h。

终压:1 台双钢轮压路机静压收光 2 遍,速度 3~6 km/h。

(5) 碾压式控制压路机不能在未碾压成型路段上转向、调头、加水或停留。确保在当天碾压的尚未冷却的沥青混凝土层面上,不停放各种机械设备或车辆,并防止矿料、油料和杂物散落在沥青层面上。

(6) 对初压、复压、终压段落设置明显标志,便于司机辨认。对松铺厚度、碾压顺序、压路机组合、碾压遍数、碾压速度及碾压温度设专岗管理和检查,使面层做到既不漏压也不超压。

(7) 为避免碾压时混合料推挤产生拥包,碾压时将驱动轮朝向摊铺机;碾压路线及方向不突然改变;压路机起动、停止减速缓行,不刹车制动。压路机折回不处在同一横断面上。

(8) 碾压轮在碾压过程中保持清洁,若有混合料粘轮立即清除。严格控制喷水量,且喷水成雾状,不得漫流,以防混合料降温过快。

(9)采用小型压路机对新泽西护栏、拐弯死角、加宽部分及某些路边缘、矩形沟边缘及端部等局部地区进行压实。

5. 施工接缝的处理

(1)横向施工缝:全部采用垂直的平接缝,沥青路面的施工接缝紧密、连接平顺,不产生明显的接缝离析。接缝施工用 3 m 直尺检查,确保平整度符合要求。人工垂直切除端部不足的部分,使工作缝成直角连接。切缝时不损伤下层路面,切割时留下的泥水及时冲洗干净。

(2)针对摊铺机和新泽西墙处接缝情况,要求摊铺机和新泽西墙间距缩小至 3~5 cm,协助人员用专业平耙再进一步处理,确保该接缝处饱满密实。

经试验段自检,各项指标满足设计及规范要求。试验段检测结果如表4.12 所示。

表 4.12 试验段检测结果

序号	检测指标	检测点数(个)	合格点数(个)	合格率(%)
1	压实度	4	4	100
2	厚度	4	4	100
3	宽度	14	14	100
4	平整度	9	9	100
5	高程	16	16	100
6	横坡度	8	8	100
7	中线偏位	14	14	100
8	弯沉	96	96	100
9	渗水系数	3	3	100

4.2 隧道洞渣机制砂综合利用技术

为保护生态环境、节约资源、实现建设与可持续发展融合,江西交工宜遂高速 SSA 标段全线共有大小隧道 10 座,全长 17.040 km。如果建设之初能很好地规划利用洞渣,将有力推动生态环境保护、资源节约,实现经济、社会可持续发展。充分合理利用优质隧道洞渣,将其用于项目结构物建设,有效组织机制砂生产,成为新时代砂石用料领域的"时代主旋律"。在宜遂高速 SSA 标段中机制砂的有效利用，不仅为企业提高了经济效益和社会效益，同时也破解了项目砂石供应不足和砂石价格上涨过快的难题，实现了经济效益与生态保护的"双赢"。

4.2.1 隧道洞渣利用技术

隧道施工过程中会产生大量的洞渣，若不加以妥善处理，将导致土地资源的浪费，并对生态环境造成破坏。因此，将洞渣加工为具备机制砂潜力的重要方案备受关注，这有助于解决隧道洞渣填埋和机制砂原料获取的高成本矛盾。

1. 隧道洞渣特点

由于洞渣来源广泛且性能不一致，制备机制砂的加工、检测和品控系统仍面临挑战，目前尚未形成广泛接受的解决方案。在隧道开挖过程中，由于围岩埋深不断变化，隧道围岩的岩性、强度和风化程度等指标会随之发生改变，进而导致洞渣质量与物理力学特性产生波动，这种变化对于长隧道而言尤为明显。另一方面，为了便于加工，弃渣场可能对不同隧道或同一隧道不同埋深处的洞渣进行无差别的堆放，这将进一步导致洞渣特性的差异性和复杂性。隧道洞渣的特点大致可以概括如下：

（1）当前隧道开凿主要采用爆破法，受限于隧道横截面尺寸，爆破点布置相对集中，这导致了洞渣尺寸较小，与矿山开采相比，洞渣平均尺寸集中在 200~650 mm，爆破产生的冲击波会使岩石发生破碎，形成大量的石粉和针片状石块，这些细碎的石块会影响洞渣的强度和应用范围。此外，爆破产生的冲击波和高温会使石料表面附着大量的粉尘，形成裹粉现象，这会影响洞渣的质量和外观。不同开挖方式的隧道洞渣粒径分布情况如图 4.1 所示。

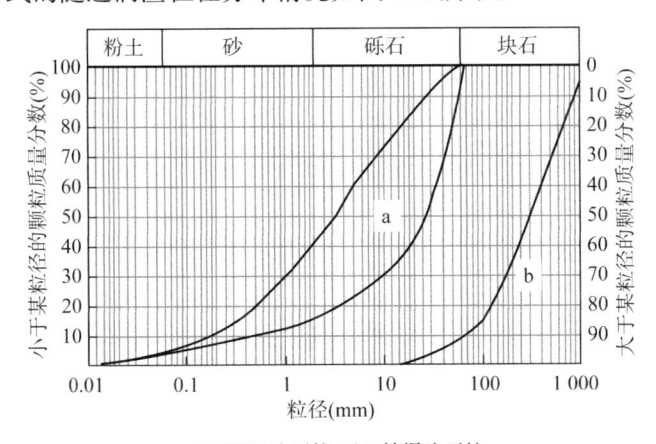

（a）TBM 法开挖；（b）钻爆法开挖

图 4.1 渣粒径分布

（2）与矿山开采石材相比，隧道洞渣的纯净度较低，受到地质构造和风化作用的影响，洞渣中常含有较多的夹土，成分也较为复杂。同时，围岩中可能含有少量其他矿物成分，如石英、长石、云母等，这些物质会影响洞渣的质量和应用范围。因此，在开采过程中和开采后有必要采取适当的除杂、除土措施，以提高洞渣的纯净度和使用价值。

（3）隧道不同部位的花岗岩洞渣特性存在显著差异，这主要受隧道纵深位置和围岩埋深的影响；风化程度和岩性的差异导致了隧道不同部位花岗岩的强度差异，风化程度较高、岩性较松散的洞渣强度较低，而深部岩体则强度较高；母岩的质量稳定性存在差异，不同部位的洞渣尺寸也存在差异，风化程度较高、强度较低的洞渣更容易破碎，尺寸较小，而深部岩体的洞渣则尺寸较大；以上因素影响母岩的质量稳定性，最终导致洞渣的尺寸、含尘量、含土量和强度等指标产生差异。

2. 隧道洞渣利用现状及对生态环境影响

隧道工程产生的洞渣堆存会对生态环境造成多方面的负面影响。

（1）占用土地资源，破坏地貌景观：洞渣堆存占用耕地或植被区，使其丧失恢复能力，破坏原有地貌景观。

（2）加剧水土流失，导致生态失衡：洞渣堆存容易造成水土流失，进而导致生态环境失衡。

（3）选址困难，施工风险高：由于交通和地形限制，隧道场址地形空间狭小，冗余用地少。大部分山区隧道弃渣场不得不选择沟道、峡谷等坑洼地带，对防护工程的施工技术要求较高。部分施工单位在防护工程建设方面未能严格按照相关规范要求进行施工，容易诱发重力地质灾害和其他次生灾害。

（4）潜在安全隐患，引发地质灾害：洞渣堆体量大，势能高，稳定性差。在遇到强降雨等外界极端条件扰动时，极易诱发滑坡、渣石流和泥石流等地质灾害，造成交通和河道堵塞，对下游的生态环境和居民生活造成严重影响。

（5）造成大气污染：洞渣具有较高的含土量和石粉含量。处于自然干燥状态下的洞渣在长期风化作用下会不断产生新的粉尘。在一定的风速条件下，这些细小颗粒可以通过风力的搬运作用进入大气，使大气中的悬浮物颗粒浓度增加，造成环境污染。

隧道洞渣堆存会对生态环境造成多方面的负面影响，需要引起高度重视，并采取有效的措施进行处理。

3. 隧道洞渣利用方案

公路项目涉及多条隧道，而隧道施工产生的洞渣（即施工废弃物）处理一直是一个挑战。传统的处理方式往往涉及大量资源的消耗,而且对环境造成了一定的压力。因此,如何找到一种高效的方式,将这些洞渣再生利用,成为项目中的重要问题。根据国内外研究,当前隧道洞渣建筑材料资源化综合利用如图4.2所示。

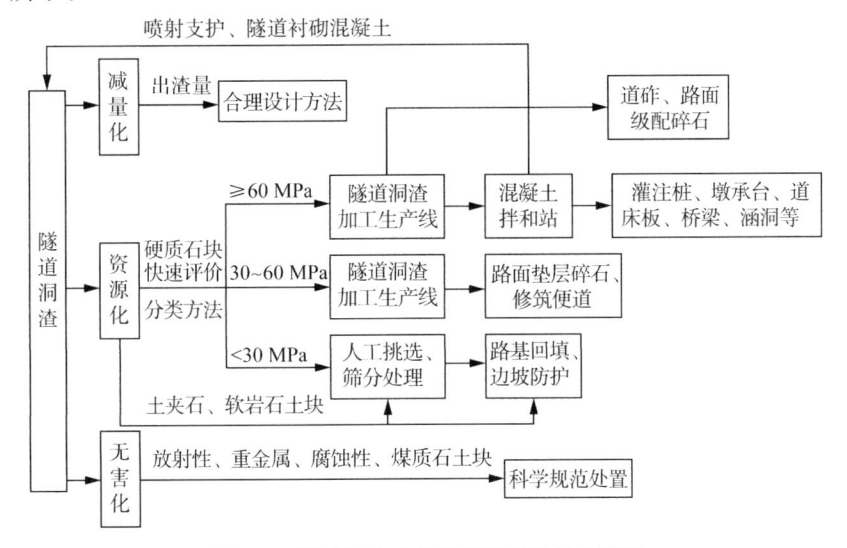

图 4.2 隧道洞渣建筑材料资源化综合利用

由于隧道洞渣特性随着岩土体所处地理位置的变化而呈现出一定的差异性,有必要对不同条件下的隧道洞渣进行甄别,并采取一定的分级分类堆存措施,以使其满足不同的应用场合。

(1)强风化隧道洞渣利用方案

隧道出入口处花岗岩的风化程度较高,岩体裂隙发育,导致洞口附近存在大量的残坡夹石土、强风化岩石。这些材料,以及破碎带、含泥量较高和富水区段的洞渣,由于其特性相似,可以作为回填土进行处理。残坡夹石土和强风化岩石可以进行破碎、筛分,去除大块岩石,并与其他洞渣混合使用,作为回填土的骨架材料。破碎带、含泥量较高和富水区段的洞渣可以作为回填土的填充材料,并根据含泥量和含水量进行适当的处理,例如掺入少量水泥或其他稳定剂,以提高其强度和稳定性。在使用这些材料作为回填土时,需要进行严格的质量控制,确保其强度和稳定性满足工程要求。强风化隧道洞渣如图4.3所示。

(2)强中风化隧道洞渣利用方案

隧道出入口附近靠近隧道中段的围岩等级相对较高,对于强中等风化的花岗岩隧道洞渣,可以进行多级破碎处理,并在试验验证其满足设计强度要求的基础上,将其作为路面底基层、基层的施工材料,或作为路基填料使用。根据洞渣

图 4.3　强风化隧道洞渣

的粒径和强度要求,进行多级破碎处理,以确保其能够满足路面或路基的施工要求。对破碎后的洞渣进行强度试验,验证其是否满足设计要求。根据洞渣的粒径和强度,将其进行分类利用,例如:使用粒径较大的洞渣,作为路面底基层或基层的施工材料;使用粒径较小的洞渣,作为路基填料。强中风化隧道洞渣如图4.4所示。

图 4.4　强中风化隧道洞渣

在出渣过程中,可以采用泥石分离机,实现渣土分离,提高洞渣的利用率。此外,应针对不同的填筑场合设计适用的填筑方法,在爆破过程中,应注意控制爆破和开挖方式,使填方石料的粒径和级配等尽量满足相关规范要求,以节省破碎成本。在施工过程中,还应注意控制填石路基的压实度,可以通过试验路段确定最佳的压实方法,以确保路基的强度和稳定性。总之,合理利用隧道洞渣,不仅可以节约资源,还可以降低工程成本,实现可持续发展。

(3) 中风化、弱风化和未风化隧道洞渣利用方案

优选位于隧道中段的高强度隧道洞渣加工成机制砂,这类岩石储量一般较

大,且完整性好、质地均匀、风化程度很低,是优质的机制砂原料,为了提高机制砂的品质,在破碎前应该注意对原料进行预筛分和除土处理。破碎阶段可以采用多段破碎工艺,以控制针片状颗粒含量和细度模数,并且需要在筛分过程中配置选粉机和除尘器。研究表明,由于母岩强度较高(超过 120 MPa),以机制砂配置的混凝土性能表现良好。中风化、弱风化和未风化隧道洞渣如图 4.5 所示。

图 4.5 中风化、弱风化和未风化隧道洞渣

(4) 片状和块状隧道洞渣利用方案

爆破后的片状或块状隧道洞渣,可将其应用于边坡和路基的砌护工程,如浆砌排水沟和护脚墙等。母岩强度高,其用于砌护工程能较好地满足强度设计要求,且该应用工艺简单,便于施工作业。片状和块状隧道洞渣如图 4.6 所示。

图 4.6 片状和块状隧道洞渣

4.2.2 隧道洞渣应用

宜遂高速SSA标段全线共有大小隧道10座,全长17.040 km。如果建设之初能很好地规划利用洞渣,将有力推动生态环境保护、资源节约,实现经济、社会可持续发展。对机制砂生产的场站规划建设、原材料品质、过程质量控制指标、成品质量管控及适用范围均制定了系统的管理要求,有效提升了机制砂的生产标准化与品质优质化,从而提高了机制砂混凝土的应用效果,取得了一系列技术创新和生态保护成果,成为宜遂高速全线建设单位的标杆。

为了贯彻打造优质精品的初心理念,宜遂SSA标段项目管理团队从大局出发,将机制砂产品质量作为工程总体品质的基础。

传统的机制砂破碎制备工艺是采用单台制砂主机及附属设施来完成,具有出砂率低、级配差(两头大、中间小)、能耗高的缺点。宜遂高速SSA标段项目经理部用双主机代替单台主机,总结了一套机制砂双主机破碎互掺干法制备施工工法,即通过调整两台破碎机的进料比例及粒径来互掺调配不同级配及细度模数的机制砂来满足不同工况需求,同时针对进料比例不同的两个主机破碎腔体的转子速度进行调整,取得了较为满意的效果,具有广泛推广意义。双主机环保型干法制砂楼如图4.7所示。细度模数可调装置如图4.8所示。

图4.7 双主机环保型干法制砂楼

精选母材,因材施用。生产中,首先选用优质隧道洞渣作为机制砂母材,并根据隧道围岩变化情况,采取定期和不定期送检相结合,及时跟踪每批次母岩性能检测和质量管控,确保母岩质量稳定可靠;其次,经过对适合机制砂加工生产的洞渣进行粗破、中碎、筛分、制砂、选粉等工艺流程,生产出工程建设所需的砂

图 4.8　细度模数可调装置

石骨料，对后续机制砂的生产与应用起到了强本固基的作用。

为保证机制砂混凝土性能要求，宜遂高速 SSA 标段机制砂的生产与应用贯彻"分类生产、分类使用""强化工艺、确保标准""四个把关、提升品质"等精细化管理原则来确保产品锻造品质。

(1) 分类生产，分类使用。在实际生产中，结合洞渣母岩的分类用于不同机制砂的生产，例如砂岩用于普通机制砂生产，用于低标号混凝土；花岗岩用于精品机制砂生产，用于高标号混凝土。机制砂中的石粉(0.075 mm 以下部分)与泥有本质区别，大量试验研究与工程应用实践表明，合理利用石粉与泥，将其作为掺合料应用，不仅有利于材料性能的发挥，也有利于环保和资源需求，避免资源废弃和环境污染。针对机制砂中石粉含量较高时，对配制高强混凝土的强度有不利的影响，对此，将机制砂分为精品砂和普通砂，并进行分仓存储。针对精品砂和普通砂的性能，C30 及以上重要构件，如梁板、墩柱、盖梁、系梁、二衬等利用精制砂；C30 以下的一般构件，如挡墙、大型承台、仰拱回填、喷射混凝土、沟渠、防护浆砌用砂等利用普通砂。机制砂混凝土配合比设计流程如图 4.9 所示。

(2) 强化工艺，确保标准。机制砂质量的确保，工艺是关键。为了确保其品质，宜遂项目机制砂生产严格按照《公路桥涵施工技术规范》(JTG/T 3650—2020)及江西省地方标准《公路水运工程混凝土用机制砂生产与应用技术规程》(DB 36/T 1153—2019)中的技术要求进行控制。经前期不断工艺调试和质量检验，常规指标完全满足Ⅱ类甚至Ⅰ类细集料技术指标。目前，江西交工

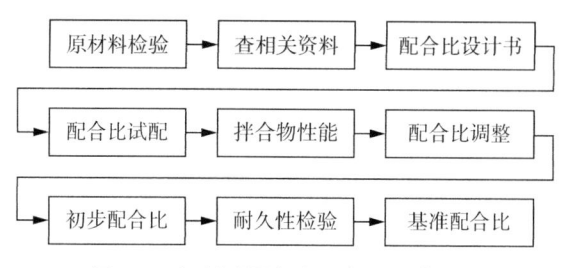

图 4.9　机制砂混凝土配合比设计流程

集团公司已在省内外多个项目中推广和使用机制砂,在机制砂的生产与应用中已积累多项技术成果和应用经验。例如,江西交工集团公司主编的《公路水运工程混凝土用机制砂生产与应用技术规程》(DB 36/T 1153—2019)(图 4.10)和主研的江西省交通运输厅科技项目"公路工程高性能机制砂混凝土制备及耐久性研究"(2020H0002),同时江西交工集团公司撰写技术管理指南和作业指导书等。

图 4.10　江西省机制砂地方标准

（3）四个把关，提升品质。建立健全机制砂生产质量管理体系，通过"四个把关"保证机制砂生产正常运行和成品质量。

一是严把材料储存关。采用隧道洞渣作为母材，根据围岩级别和开采过程中母岩的变化，科学选用；加强对母材质量的控制，严禁母材中混入强风化岩石、土块、杂物，加工用材必须在堆场分拣，并经监理和技术人员签认合格后方可分批分类储存和生产制砂。机制砂分类储存如图 4.11 所示。

图 4.11　机制砂分类储存

二是严把生产关。制砂楼干法制砂时，进入制砂机的碎石原料的含水率必须小于 2%，以不超过 1% 为宜。双主机的干法制砂工艺关键在于调整好设备开度参数位置以达到理想级配，配合除尘风力调试到合适范围级配要求。成品砂运输皮带上方加设微型喷水装置并适量喷水，防止离析和降尘，并保证成品料堆总高度不宜超过 5 m。不同料源特性、不同类别和规格的机制砂分类堆放，确保机制砂混凝土选用到对应的混凝土强度和结构部位不出差错。

三是严把机制砂混凝土生产关。严格按照监理批复的配合比生产混凝土，严控用水量，确保水灰比，保证构件强度；适当延长机制砂混凝土搅拌时间，确保搅拌均匀，提高混凝土和易性和稳定性。合理通过采用掺合料改善混凝土性能，例如采用优质粉煤灰和矿渣粉来增加拌和物的流动性和黏聚性；严控水灰比，通过高性能减水剂用量改善强度及和易性。

四是严把成品检测监控关。机制砂生产过程中，过程检验要做到每日必检，原材料改变必检，按批量抽检，并由机制砂场站试验人员检验并填写质量检验表，进行每日通报。机制砂出厂前应进行出厂检验，每 1 000 t 机制砂为一检验批。

宜遂项目对机制砂新技术的应用,制定了一套完整的技术规范,健全了一系列配套的机制砂生产与应用制度。

一是在机制砂质量参数上依据《公路水运工程混凝土用机制砂生产与应用技术规程》(DB 36/T 1153—2019)的标准控制,分别对水泥混凝土用机制砂细度模数、颗粒级配、级配类别、石粉含量和泥块含量、有害物质限量、坚固性和压碎指标、表观密度、松散堆积密度、空隙率及吸水率等各类技术指标进行了表格化、标准化。二是机制砂生产质量管控制度。三是机制砂混凝土生产及构件外观管控措施。四是分类应用到实体工程中的生产和工艺技术要求。通过一系列制度规范机制砂生产使用,确保品质工程创建有标准规范可循。机制砂成品及应用如图4.12所示。

图 4.12　机制砂成品及应用

宜遂项目机制砂技术特点如下:一是双机互掺,出砂率高。利用双主机对不同级配及颗粒大小物料的破碎,破碎效果更好,在相同的产品指标情况下,出砂率一般高于同行的15%～25%。二是细度模数可调,级配连续稳定。减少了传统单机制砂机成品机制砂细度模数变化不稳定以及级配"两头多、中间少"的现象。三是节能环保,社会效益好。采用干法制砂工艺,全过程塔楼式封闭施工,避免了粉尘外溢。采用双主机制备工艺,提升了机制砂的出砂率15%～25%,相同的产量,经测算每吨机制砂减少能耗1.6 kW,约1～2元/t,减少了维护成本,提升了各主机的出砂效率,减少了废石粉含量,节能减排;同时生产的机制砂级配可互掺调整,保证了级配良好,保障了混凝土质量的稳定性,具有良好的推广应用价值。

宜遂项目机制砂生产与应用实践表明,机制砂混凝土应用成效明显,助力项目建设。①质量稳定可控。相比河砂,机制砂的级配可根据工程应用部位不同进行调整。预见性把控砂石料成本,有利于抑制河砂价格,对冲其他原材料上涨的压力。②实现双碳环保效益。项目机制砂原料全部来自隧道洞渣,解决了洞渣弃置问题，同时也相应解决了征地和环保问题，实现多赢。③提高行业效益。宜遂高速 SSA 标段是江西公路行业首个规模化进行机制砂生产与应用的项目，是江西省公路行业机制砂混凝土生产和使用的引领者，对推进江西省机制砂应用方面具有积极意义。④技术力量的提升。从前期的摸索到现在规模化的成熟应用，宜遂项目为机制砂的生产与应用培养了技术人才、总结了技术经验，是对未来机制砂领域发展的巨大贡献。

在如今河沙资源极度匮乏的情况下，机制砂的兴起是必然趋势，具有强大的生命力。机制砂生产与应用技术已逐渐走向成熟，随着规模化的应用，在经济效益和社会效益上具有广阔的推广前景。

4.3 沥青拌和站油改气工程

随着我国经济的高速发展，公路建设事业方兴未艾，各地大型沥青搅拌设备日益增多，竞争日趋激烈。目前，沥青搅拌设备所用燃料一直以来的主流是重油、柴油和煤，再加上我国石油和煤炭消费量较大，使我国能源紧张的问题日益突出。同时，我国公路建设的能耗越来越大，所排放的有害气体越来越多，不利于环境保护。在双碳目标和绿色交通发展的大背景下，用优质、高效、安全、纯净的天然气取代重油和柴油作为沥青搅拌设备的工业燃料，是节能降耗、提高经济效益的有效途径，也是减少环境污染、改善排放指标的最佳方案，顺应了经济、资源与环境可持续发展的趋势。

4.3.1 油改气技术特点

目前国内沥青拌和站加热系统普遍采用重油、柴油加热，虽然制造技术比较成熟，但随着燃油价格不断攀升，加温成本越来越高，而且在重油热值不稳的情况下，对燃烧器、油泵、油嘴、布袋除尘器等容易造成损害，增加了设备的故障率，直接影响到工程施工成本和施工进度。

沥青搅拌设备是沥青路面施工中不可缺少的设备，它所占投资及能耗比重最大，目前绝大多数搅拌设备的骨料烘干燃料多选用重油、柴油以及原煤等非清洁燃料，使用重油作为燃料存在以下问题：

（1）重油燃烧时容易造成燃烧器的喷嘴堵塞，需要定期清理，耗费人力物力。频繁清理还可能导致喷嘴被捅大，造成空气-燃料混合比失调，从而增加黑烟排放，降低燃烧效率。

（2）重油中氢含量较高，燃烧产生大量水蒸气。在设备低温部位，水蒸气会

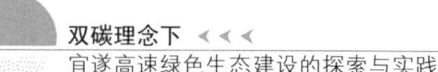

与二氧化硫结合形成酸性物质,对设备造成严重腐蚀。

(3)重油在运输、储存和燃烧过程中都需要预热,通常要求喷嘴前的油温保持在100 ℃以上,增加了能源消耗。

(4)相比天然气,重油的热效率较低,仅约为80%,而天然气的热效率可达92%以上。

油与柴油属于液体燃料,燃烧前需要经过机械雾化或者高压空气雾化后用高压空气吹入燃烧室再进行燃烧;使用天然气作为沥青拌和楼的燃料在技术层面上比较容易实现,因为无论是重油还是柴油,燃烧前的雾化过程其实就是将液体燃料气化的过程,而天然气本身就是一种气体燃料,燃烧前不需要雾化,直接将天然气与空气按照不同的配比吹入燃烧室,再进行燃烧即可。相较于传统重油,油改气的技术优点如下:

(1)天然气、煤制气属于清洁能源。根据中国环境影响评估资料,每燃烧1 t重油将排放CO_2 3 800 kg、SO_2 26 kg、NO_2 11 kg、CO 7.5 kg、未燃烃0.8 kg,严重污染大气环境,且对周围人员健康危害较大。液化天然气、煤制气燃烧残余物基本为CO_2、水,且降低设备噪声,有效改善劳动环境。

(2)经济效益良好。相比重油、煤制气等燃料,天然气作为沥青拌和站燃料具有以下优势:天然气燃烧后的热量被混合料吸收比例最高,单位能耗最低;天然气燃烧产生的废气最少,最为节能环保,应优先选用;天然气和煤制气资源丰富,燃烧稳定可靠,有利于降低设备故障率和耗材更换频率,提高人工及设备使用效率。综合考虑成本和生产安全,天然气燃料具有良好的经济效益。

(3)改善提升沥青混合料生产质量。在沥青拌和站等建设过程中,应优先选用天然气作为燃料,以实现节能减排、提高生产效率的目标。液体燃料如重油、柴油在燃烧过程中会产生一定量的残留物,加上空气供应和排烟不畅,导致燃烧不充分,产生更多固体残留物,对沥青与骨料的黏附性能产生不利影响。液体燃料对沥青有溶解作用,容易导致沥青混合料松散,直接影响路面结构层的水稳定性。

工程项目的试验结果表明,采用天然气可彻底避免由于重油等燃料燃烧不充分导致的集料表面污染,显著提高了各类沥青混合料与集料的黏附性能。综上所述,在沥青拌和站中使用天然气作为燃料,能够避免液体燃料引起的沥青-集料黏附性能下降和路面结构层水稳定性降低等问题,具有显著优势。

4.3.2 油改气技术实践

江西交工宜遂高速SSA标段路面分部全新引进的5000型智能环保一体化

沥青拌和楼设备,采用天然气加热工作原理,技术先进,引领行业潮头。拌和楼机群占地3 000 m²,楼高32 m,设备总重量达800 t。5000型智能环保一体化沥青拌和楼最大的优势是改传统沥青料拌和中的重油加热为天然气加热,达到节能减排的最大化程度。该设备实现全程智能化操作,操作人员置身于整洁、宽敞的塔楼操作室,轻松点击鼠标,即可完成所有操作流程,极大地改善了操作人员的工作环境,减轻了操作人员的劳动强度,降低了操作人员的安全风险系数。该设备确保沥青料拌和均匀,拌和量大,每小时设定产量400 t,完全达到工程设计要求,且有效保证质量,快速高效推进,为打造宜遂品质工程奠定了扎实的基础。智能环保一体化沥青拌和楼如图4.13所示。

图4.13 智能环保一体化沥青拌和楼

对传统拌和站采用天然气作为燃料改造,按照油改气前期投入、改造前燃料费用、改造后燃料费用等综合分析,其生产20 t沥青混合料的经济效益对比如表4.13所示。从表4.13可知,改造后成本节约了27.6%。

表4.13 油改气后成本节约情况

项目	改造前成本(20 t)	改造后成本(20 t)	节省成本(20 t)
干燥滚筒燃料成本	512	432	80
重油泵更换成本	1.5	0	1.5
设备维修成本	8	0	8
人工成本	7	0	7
除尘布袋更换成本	27	14	13

续表

项目	改造前成本(20 t)	改造后成本(20 t)	节省成本(20 t)
导热油锅炉燃料成本	160	72	88
合计	715.5	518	197.5

油改气的一个主要目的是改善搅拌设备周边的环境条件,按照燃油燃气气体排放量,生产 1 t 沥青混合料后有害气体排放如表 4.14 所示。对周围 CO、CO_2、SO_2 等气体的排放浓度进行了测算,试验结果如表 4.15 所示。

表 4.14　生产 1 t 沥青混合料后有害气体排放

类型	排放量(g/t)			
	CO	CO_2	SO_2	NO_x
燃油	613	16 907	160	5.5
燃气	171	10 487	0	0.9
减少比例	72.1%	38.0%	—	83.6%

表 4.15　油改气前后周围环境有害气体排放

类型	排放浓度(mg/m³)			
	CO	CO_2	SO_2	NO_x
燃油	1 258	55.5	556	105.5
燃气	519	54.3	0	26.3
减少比例	58.7%	2.2%	—	75.1%

从测算结果可知,油改气后,生产 1 t 沥青混合料,其 CO 排放量降低 72.1%、CO_2 排放量降低 38.0%、NO_x 排放量降低 83.6%,而 SO_2 排放量降低为 0。而其周围 CO 排放浓度降低 58.7%、CO_2 排放浓度降低 2.2%、NO_x 排放浓度降低 75.1%,而 SO_2 排放浓度降低为 0。

因此,沥青拌和站油改气技术具有显著的经济、社会和环境效益,符合我国双碳目标和绿色交通发展的要求,具有重要意义。首先,该技术能够提高能源使用效率。在不影响正常生产的前提下,采用天然气替代传统的柴油和重油作为燃料,可节省大量不可再生能源的消耗,平均每生产 1 t 沥青混合料可节省 2.1 kgce(kgce 为能源消耗量)的能源,节能效果显著。其次,该技术可大幅减少污染物排放。与使用燃料油的拌和站相比,采用天然气燃料可显著降低 TSP、PM_{10}、SO_2、NO_x 等有害气体的排放,改善了工作环境。

第 5 章

双碳背景下公路建设环保与文明施工

在双碳背景下,公路建设不仅要满足交通需求,还需兼顾环保与文明施工。文明施工标准的实施确保施工现场整洁有序,减少噪音、扬尘和废弃物对周边环境的影响。宜遂高速公路沿途旅游名胜众多,具有得天独厚的自然、经济、文化发展优势。为保护沿线绿水青山,倾力打造"平安百年品质工程",本项目在建设期间采取环保与文明施工保证体系以减少对环境的负面影响,以更高站位、更高标准,推动生态环境保护各项工作,努力实现全方位绿色管理,全过程采用文明施工措施,确保施工过程中的环境保护和社会责任的履行。

5.1 环保与文明施工保证体系

5.1.1 环保、水土保持保证体系

本项目在安全总监的统一领导下,各部门做出明确的职责分工。工程部负责制定项目环保措施和分项工程的环保方案,解决施工中出现的污染环境的技术问题;安全环保部合理安排生产,组织各项环保技术措施的实施;其他各部门按其管辖范围,分别负责组织对施工人员的环境保护培训和考核,保证进场施工人员的文明和技术素质,加强对有毒有害气体监测,加强对危险物品严格管理和领用制度,负责各种施工材料的节约和回收等。环境保护、水土保持保证体系如图 5.1 所示。

5.1.2 文明施工保证体系

文明施工目标是现场布局合理、环境整洁、物流有序、标识醒目、创建文明工地。文明施工保证体系如图 5.2 所示。

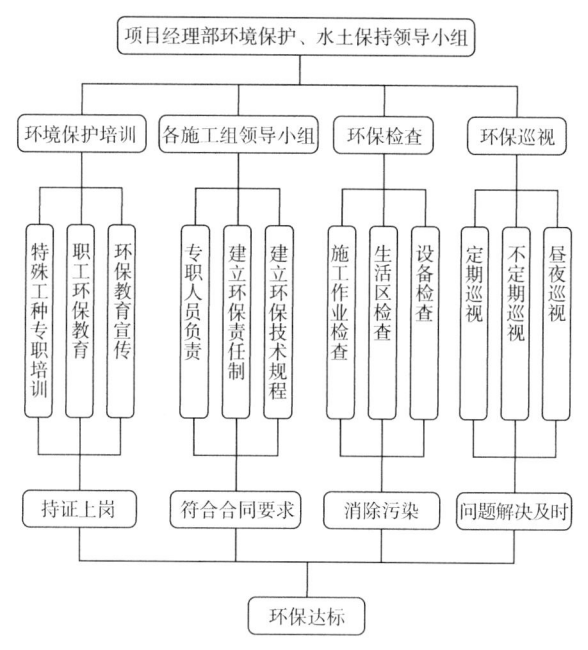

图 5.1 环境保护、水土保持保证体系框架

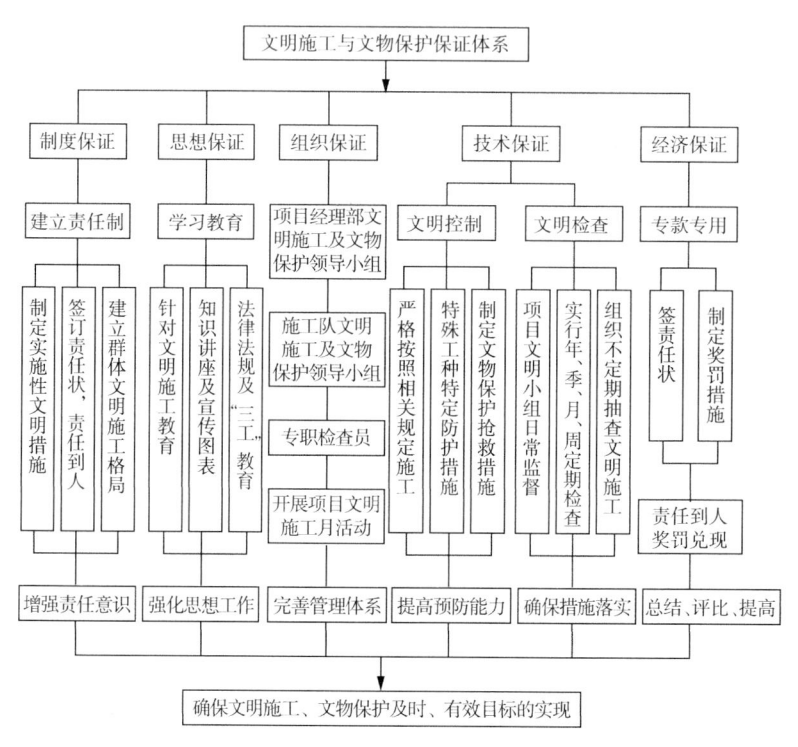

图 5.2 文明施工保证体系框架

5.2 环境保护与水土保持措施

5.2.1 生活污水、废水与生产废水处理措施

施工期间的水污染来源主要是混凝土生产系统废水、砂石料加工系统废水、机修废水、拌和站施工产生的废水、车辆冲洗水、施工人员生活污水、雨季地表径流等,若处理不当,容易污染施工场地及场地以外的土地和河川。

采取的控制措施:

(1) 处理后的废水水质符合受纳水体环境功能区规划规定的排放要求,遵守《污水综合排放标准》(GB 8978—1996)规定,不能将未处理的生活污水直接或间接排入河流水体中。尽量控制水体的pH值接近中性时排放。

(2) 砂石料加工、混凝土生产及其他辅助生产系统等的废水处理实行雨污分流,建立完善的废水处理系统,将各生产系统经常性排放的废水统一收集处理。

(3) 废水处理系统排出的污泥先进行必要的脱水(或沉淀)处理后,运至指定的弃渣场堆存,防止污泥进入排水系统或排入河道。混凝土浇筑面的冲洗废水,以及灌浆工作面冲洗岩粉的污水和废弃浆液由专设的沟道集中排放,严禁污水漫流。

(4) 施工期生活废水经隔油池、化粪池预处理后排放;施工期生产废水经沉淀池处理后回用或排放,禁止无序排放。机械车辆冲洗设施尽量远离河道。

(5) 在工程开工前完成工地排水和废水处理设施的建设,并保证工地排水和废水处理设施在整个施工过程的有效性,做到现场无积水、排水不外溢、水质达标。

(6) 机修及汽修系统的废水收集、处理系统建立专用的废水收集管道,对含油量较高的机修废水选用成套油水分离设备进行油水分离。

(7) 在季节环保措施中制定有效的雨季排水措施。

(8) 施工现场设置专用油漆料库,库房地面做防渗漏处理,储存、使用、保管由专人负责,防止油料"跑、冒、滴、漏"而污染土壤、水体。不设置未经处理废水排污口。

5.2.2 施工区粉尘与空气污染控制措施

大气的主要污染来源有:土石方开挖和运输、混凝土拌和、砂石料加工、燃油

机械、炉灶等。

采取的控制措施：

（1）根据施工设备类型和施工方法制定除尘实施细则，提交监理人批准，施工过程中，会同监理人根据批准的除尘实施细则，随时进行除尘措施的检查和监测。

（2）施工期间，根据工程所在区域环境空气功能区划要求，保证施工场地及敏感受体附近空气中允许粉尘浓度限值控制在《环境空气质量标准》（GB 3095—2012）规定范围内。

（3）承包人制定的除尘措施，除遵守《环境空气质量标准》（GB 3095—2012）规定外，还必须遵守以下规定：

①施工期间除尘设备与生产设备同时运行，并保持良好的运行状态。

②选用低粉尘施工工艺，钻孔安装除尘装置。

③混凝土系统配置除尘装置，及时更换和修理无法运行的除尘设备。

④不使用对空气可能产生污染的锅炉、炉具，使用的锅炉、炉具应符合烟尘排放规定，不使用易产生烟尘或其他空气污染物的燃料。

⑤严禁在施工现场焚烧任何废弃物和会产生有毒有害气体、烟尘、臭气的物质。

⑥散装水泥、粉煤灰由封闭系统从罐车卸载到储存罐，所有出口配有袋式过滤器。

⑦在施工前做好施工道路规划和设置，临时施工道路基层要夯实、路面要硬化。

⑧经常清扫施工场地和道路，向多尘工地和路面充分洒水，保持湿润。

⑨施工场地内限制卡车、推土机等的车速，以减少扬尘。

⑩运输时可能产生粉尘物料的敞篷运输车，其车厢两侧及尾部配备挡板，运输粉尘物料时要用干净的雨布加以遮盖；堆土场、散装物料露天堆放场要压实、覆盖。

⑪涵洞内施工的凿岩台车等设有收尘装置，保证钻进时不起尘，地下洞室的钻进工作面设置有效的通风排烟设施，保证洞内空气流通。

⑫对易产生粉尘、扬尘的作业面和装卸、运输过程，制定操作规程和洒水降尘制度，在旱季和大风天气适当洒水，保持湿度；合理组织施工、优化工地布局，使产生扬尘的作业、运输尽量避开环境敏感点和敏感时段。

⑬水泥等易飞扬的细颗粒散体物料安排库内存放，选择合格的运输车辆，运输时采取良好的密封状态运输，做到运输过程不散落。装卸时应采取有效措施，减少扬尘。

⑭尽量使用低能耗、低污染排放的施工机械、车辆,对于排放废气较多的车辆安装尾气净化装置。尽量选用质量高、对大气环境影响小的燃料。要加强机械、车辆的管理和维修保养,尽量减少因机械、车辆状况不佳造成的空气污染。

⑮施工便道采用洒水车洒水降尘。为防止进出现场的车辆轮胎夹带物等污染周边道路,在现场设立冲刷池清除车轮携土。洒水降尘措施如图5.3所示。

图5.3　洒水降尘措施

5.2.3　固体废弃物处置措施

固体废弃物的主要来源是工程弃土、建筑废料和生活垃圾。采取的控制措施如下:

(1)对施工场地以及生活区范围内的生产和生活垃圾进行清理运输,设置必要的生活卫生设施,及时清扫生活垃圾,统一运至指定地点处理。

(2)对生产垃圾中的金属类废品进行回收利用。剩余料具和包装及时回收、清退。对可再利用的废弃物尽量回收利用。

(3)运输道路和操作面的落地料及时清运,砂浆、混凝土倒运时采取防撒落措施。废弃砂浆、混凝土运至专设的弃料场,不能在施工场地内任意弃置。

(4)按发包人指定的弃渣场弃渣,弃渣场采取碾压、挡护或绿化等措施处理。

(5)制定废渣的处理、处置方案,按照要求选择有资质的运输单位,及时清运施工弃土和余泥渣土,建立登记制度,防止中途倾倒事件发生并做到运输途中不撒落。

(6)各类垃圾及时清扫、清运,不得随意倾倒,尽量做到每班清扫、每日清运。教育施工人员养成良好的卫生习惯,不随地乱丢垃圾、杂物,保持工作和生活环境的整洁。严禁垃圾乱倒、乱卸。施工现场设垃圾站,各类生活垃圾按规定集中收集,由环卫部门及时清理、清运。选择对外环境影响小的运输路线及运输时间。

(7) 有毒有害物质和危险品的管理应遵守《生活垃圾填埋场污染控制标准》(GB 16889—2024)的有关规定。

5.2.4 生态环境保护措施

1. 动植物及资源保护

(1) 在施工场地范围内进行砍树、清除表土和草皮时,按照环境保护主管部门和监理人批准的环境保护要求进行。对施工影响的古树名木进行移植,确保成活。

(2) 在施工场地内发现国家级保护动物的鸟类的鸟巢、动物的巢穴,按国家有关规定妥善保护。在施工区域附近的水域,发现受保护的鱼类立即报告监理人,并按国家有关规定处理,严禁捕猎野生动物。

(3) 对本项目划定的施工场地界限附近的树木、植被、农田等尽力加以保护。

(4) 施工中尽量避让树木及林地,确实无让避让的树木应就地移栽,无法移栽成活的应给予补种。施工结束后应及时进行景观绿化恢复,避免水土流失。

2. 周边生态环境保护

(1) 严格履行各类用地手续,按划定的施工场地组织施工,不乱占地、不多占地。

(2) 在施工筹划时考虑减少施工占地的措施和方法。在招标文件中明确施工场地的恢复要求和具体的实施时间表,保证施工结束后及时撤场、尽快恢复。

(3) 在施工场地周围出示安民告示,以求得附近居民的理解和配合。

(4) 在施工工地场界处设实体围挡,不得在围挡外堆放物料、废料。

(5) 加强施工人员的环保意识,严禁不必要的践踏及破坏绿地行为。

5.2.5 水土保持措施

1. 执行水土保持措施计划

(1) 遵守有关水土保持方面的法律、法规和规章,按照合同技术条款的有关规定,做好施工区及生活区的水土保持工作。

(2) 在提交施工总布置设计文件的同时,向监理人提交本标段工程施工期的环境保护和水土保持措施计划,经监理人批准后,按监理人批准的水土保持措施计划,实施本合同范围内(包括施工开挖的场地、生活区、施工道路和渣场等)的水土保持措施。

（3）在工程结束后,按合同要求进行场地清理。

2. 周边及场内水土保持措施

（1）保护施工场地周边的林地、草地,采取水土保持措施（包括水库、沟渠、塘坝、梯田和拦渣坝等）,避免或减少由于施工造成的水土流失。

（2）严格遵守国家有关的法律、法规和规章,做好施工区的水土保持工作,防止由于工程施工造成施工区附近地区的水土流失。

（3）加强对施工人员的教育与管理,使人人心中都明确水土保持工作的重大意义,积极主动地参与水土保持工作,自觉遵守环境保护的各项规章制度。

（4）提高全员水土保持意识,加强监督管理。主动接受地方主管部门的监督与指导。

（5）做好施工场地内道路上下边坡水土流失的防治工程措施；施工场地设置完善的排水系统,防止降雨径流对施工场地和渣场的冲刷。

（6）按监理人批准的水土保持工程措施,做好料场、渣场的挡护、排水等工程措施,做好料场和渣场施工期的维护管理工作。选择不易受径流冲刷侵蚀的场地堆放开挖料和弃渣,并在其堆放场地周边修建临时排水沟引排周边汇水。

（7）对于工程穿越的草地、林地等地段,在开挖土方时,先将表层 30~50 cm 的土壤剥离,单独存放,以备完工后对原先土地复垦之用,然后再开挖下层土体。

（8）对堆土表面采用防尘网进行覆盖。对于堆土存放时间长、堆放点距离居民点和河流等处较近的情况,采用草垫对堆土表面进行覆盖,洒水后或经过雨水在堆土表面形成植被。

（9）临时工程施工时按照"少破坏、多保护,少扰动、多防护"原则,做好水土保持工作。

5.3 文明施工与文物保护保证措施

5.3.1 文明施工措施

1. 临时建筑标准化

各分部以及施工工区可以搭建临时住房或者租赁住房办公和住宿,如果搭建临时住房,必须为板房,图 5.4 和图 5.5 为标准化项目部和标准施工工区。

2. 施工现场标准化

（1）施工现场布置"八牌一图"及各类标示牌、警示牌,如图 5.6 所示。

图 5.4　标准化项目部

图 5.5　标准化施工工区

图 5.6　基坑施工现场布置

（2）项目经理部驻地、拌和站、沿线施工区段都插挂有关施工旗帜和标语，如"安全责任，重于泰山""维护路地团结，造福地方经济"等安全标志标牌；施工现场宜采用封闭式管理，出入口悬挂"施工重地，闲人免进""精心施工，质量第一"等。

（3）进入施工现场的人员应佩戴安全帽和上岗证，现场施工人员本标段必须统一。现场管理人员和作业人员的安全帽应区分，劳动保护用品应穿戴齐全，安全监察人员应佩戴袖标（牌）。安全员应明确安全措施和职责，每天进行安全检查并有记录。

（4）现场各类机械设备质量证明文件齐全、状态良好（图 5.7）。停放位置合理规划，分区布置，摆放整齐。设备安全可靠，运转正常，严禁设备带病作业。施工单位应定期对施工机械（具）设备进行检查维修、保养清洗。

图 5.7　工区机械设备

（5）弃土堆场的位置与高度应保证稳定，不得影响附近建筑物、农田、水利、河道、交通和环境等。必要时加设挡护，并设置明示标志。

（6）路基挖方施工，截水沟与路基挖方开口线之间的原地表植被不许破坏，以最大限度地保护自然环境。

（7）特殊结构模板工程应由具备相应资质的设计单位进行专门设计，施工方案经相关部门审批，现浇混凝土模板支撑系统应开展设计计算。

（8）钻孔桩口、钢管桩口、预留口、坑槽口、操作平台空口等均设防护。

（9）桥梁墩台、梁体、涵洞、通道等在统一位置喷绘编号或其他应公示信息。

5.3.2　文物保护施工措施

在工程现场发掘出的所有文物、古迹以及具有地质研究或考古价值的其他遗迹、化石、钱币或物品，均属于国家财产。因此，在施工中，应采取以下措施进行文物保护工作：

(1) 加强教育、提高全员的文物保护意识。开工前组织全体施工人员进行文物保护重大意义、文物保护知识方面的教育,增强全体职工保护文物的自觉性和责任感。

(2) 开工前,积极与当地的文物保护部门联系,了解本标段文物分布大致情况。利用图片、板报、音像资料等向员工宣传文物法规,教会大家辨别文物的基本方法,树立起自觉保护文物的意识,并了解文物保护的基本操作程序及方法。

(3) 在施工中发现有考古、地质研究价值的物品时,立即暂停施工,并采取有效的防护措施,将现场加以封闭。通知甲方和当地文物保护部门处理,在公安部门赶到之前,组织人员进行保护,防止文物遭哄抢和流失。在甲方和有关管理部门提出处理意见后,积极配合甲方和有关管理部门按照有关指示进行处理。

5.4 宜遂项目环保与文明施工亮点

5.4.1 边建边绿模式,保最好最美生态

"边建边绿""带绿施工"是项目践行"绿水青山就是金山银山"理念的重要举措。在施工中积极探索"边建边绿"施工模式,一改传统"先建后绿"模式,做到带绿施工、边建边绿,积极推行"环评前置、方案先行"举措,协调有关部门,开展《项目对环境评估影响报告书》《水土保持方案报告书》的编制工作,并通过专人及时报送至主管部门审批。从选线到修建,根据与设计单位调查研究沿线地形地貌特征和自然资源的情况,充分考虑占用耕地、高填深挖、生态环保等因素,通过生态选线、环保选线、安全选线等多种手段,最终确定最佳最绿线路。在边坡施工中,做到"开挖一级、防护一级、绿化一级",让施工路段及时披上绿草,筑起一道道环境保护的绿色屏障。"边建边绿"施工模式如图5.8所示。

图 5.8 "边建边绿"施工模式

5.4.2 一洞一案原则,护最原最始洞口

在隧道施工过程中,针对每座隧道进出口位置原地貌情况,逐个优化明暗交界点及洞口设计,在做好隧道进洞施工的同时,保护好原地貌、原生态。在石桥隧道建设过程中,因地制宜,对隧道洞口临建及进洞方案进行了反复推敲比选,最终经专家论证,采取了斜交式不等长套拱进洞的"零开挖"进度施工方案,将原设计端墙式洞门调整为削竹式洞门,在避免大开大挖的同时,最大限度地保留了洞口原生态植被,使得隧道洞口与周边自然环境浑然一体,将自然之美与建筑之美完美融合起来。严格把好隧道进洞关,按"一洞一方案"原则,逐个优化明暗交界点及洞口设计,全线 18 座隧道均实现"零开挖"进洞,共计减少山体开挖 10 000 余平方米,最大限度地保护了隧道进洞口的原始地貌、生态。"零开挖"进洞施工如图 5.9 所示。

图 5.9 "零开挖"进洞施工

项目针对隧道洞口临时场地硬化采用"永临结合"的建设方式,在洞口段的路基填筑到位后,将隧道洞口临时场地硬化标高控制在永久路面底基层标高,隧道完成后避免将临时场地硬化清除,直接利用为底基层,节省了挖除及摊铺底基层的时间,节约了永久路面底基层费用。

宜遂高速公路项目全线 3 座特长隧道(明月山 3 号隧道、严田隧道、永新石桥隧道),单洞累计长度达 20 735 m。隧道修建地带山体连绵起伏,地下水较丰富,岩体较为破碎,成洞性差。在隧道开工之初,项目办根据每个隧道的特性与难点,有针对性地制订计划、及早部署,下好"先手棋"。项目办、总监办及参建单位三方一体,多次进行隧道专项施工方案研讨,不断优化开挖方法,并邀请资深专家进行评审,按"一洞一方案"原则,奉行"先方案,后评审,再实施"的理念,逐步克服了偏压严重、沉降量大、逆坡出洞等多个难题。

5.4.3 一桥一景理念，创最宜最适景观

随着环保要求的不断提高，桥下环境整治和地形营造也不只是简单地将裸露土地复绿，如何将其做到适宜、美观、与周边生态融为一体才是重中之重。为此，项目就一桥一景和地形营造重难点多次开会讨论，并进行现场踏勘。根据每座桥下的不同地质情况，如山体的起伏、水系的连接、边坡的稳定、植被的覆盖等，充分利用技术手段，因地制宜地进行营造设计，打造出符合周边环境的最佳方案。与此同时，在全线精选适合方便民众休闲的桥梁下布置体育健身器材、石桌、景观石、花坛景观等。同时，结合周边环境进行地形营造，通过景观设计提升高速的窗口形象。宜遂项目"一桥一景"如图 5.10 所示。

图 5.10 宜遂项目"一桥一景"

5.4.4 "永临结合"，实现绿色资源节约

由于项目沿线途经众多风景名胜区和重要水源地，在项目设计阶段，宜遂项目办充分考虑区域地形地貌特点，坚持生态选线、环保选线的设计手段，节约和保护宝贵的生态资源，对沿线资源的高效利用提出近乎苛刻的要求。山区高速公路的建设，容易改变区域的土地利用方向、打破山区生态平衡。项目办和设计院在比选路线时充分考虑占用耕地、高填深挖、生态环保等因素。通过生态选线、环保选线、安全选线等多种手段，采用规避环境敏感点、少占高标准农田、材料循环利用、设计线路优化比选等方法，最终确定最佳最绿路线。在施工便道和大临设施建设方面，严格落实"永临结合"的建设理念，统筹利用既有资源，有效提高土地资源利用率，同时充分考虑地方百姓出行的便利。施工便道"永临结合"如图 5.11 所示。

据不完全统计，全线各标段投入永临结合便道资金 5 000 余万元，硬化水泥路、沥青路 130 多千米，10 余家单位租用养老院、村委、垦殖场等旧房产，投入大

图 5.11　施工便道"永临结合"

量资金进行装修改造,撤场后将其完整移交给权属单位,不仅便利了百余村庄、万余村民,而且节省了临时用地投入,减少了大临设施建造成的环境影响。宜遂项目隧道数量多达 18 座,单洞长超过 68 km,结合现场地质地形情况,共有 66 个掘进工作面。为精心做好隧道洞口作业区永临结合工作,项目办在洞口段的路基填筑到位后,将隧道洞口临时道路硬化标高控制在永久路面底基层标高,再进洞施工。此举减少弃方 5 万 m^3,减少临时用地 20 亩,节约工期 1 个月,节约资金 7 000 余万元。

5.4.5　生态为本,持续增进绿色福祉

一是在扬尘治理上下足功夫。全线所有参建标段在重要场站都设置了自动喷淋系统,在场站裸土地带进行植被绿化,购买车辆清洗装置,安排洒水车队在沿线、村庄进行不定期降尘处理。

二是合理利用路基清表土。项目办制定了《路基清表土利用管理办法》,科学选好临时堆放场,进行分类堆放,完善临时防护、排水系统和警示标志,便于集中管理和利用,共计减少弃土 200 多万 m^3,节约相关征地 300 余亩。清表土已逐步利用到边坡绿化中。

三是隧道进洞实现"零开挖"。严格把好隧道进洞关,按"一洞一方案"原则,逐个优化明暗交界点及洞口设计,全线所有隧道洞口均实现"零开挖",共计减少山体开挖 10 000 余平方米。

四是带绿施工创美丽边坡。施工过程中,做到开挖一级防护一级,及时进行边坡绿化及防护排水,并做好路基临时排水,减少水土流失,提升"带绿施工"效

果。防止施工影响农田耕作及生态环保。

五是强力推动机制砂落地。受生态保护及限采禁采政策的制约,江西省内许多地区基本无砂可采,河砂供需矛盾日益紧张,价格高达230元/t。宜遂项目分别使用外购机制砂和自制机制砂两种。外购机制砂又分为水洗制砂和干筛制砂两种。自制机制砂50.6万t,成本价130元/t。外购机制砂60万t,外购机制砂出厂价格普遍在60~70元/t,到场价格在90~120元/t。使用机制砂,在节约成本的同时,缓解了河砂供需矛盾,减少了挖沙对环境的影响。

六是倾力保护好古树名木。据了解,在羊狮幕互通A匝道AK0+600处,有2棵一级保护古树,树种为南方红豆杉,一株编号为D04006,树龄约520年,另一株编号为D04007,树龄约500年,均位于匝道二级边坡上。为维护好古树生长环境,对羊狮幕互通A匝道、D匝道线位整体外移避让以及E匝道的桥台往外偏移,虽然由此增加了不小的工程量,也对项目总体工期提出了挑战,但参建单位仍然表示:"很好地保护了这些'活化石'级别的稀缺野生资源,很值。"古树保护如图5.12所示。

图5.12 古树保护

第 6 章

党建引领提升双碳公路建设

党的十八大以来,习近平总书记先后两次视察江西,赋予江西打造美丽中国"江西样板"的使命任务。习近平总书记强调,绿色生态是江西最大财富、最大优势、最大品牌,一定要保护好,做好治山理水、显山露水的文章,走出一条经济发展和生态文明水平提高相辅相成、相得益彰的路子。近年来,江西省上下始终牢记习近平总书记的殷殷嘱托,坚定不移地走生态优先、绿色发展之路,深入推进国家生态文明试验区建设,推动美丽江西建设取得成效。

宜遂项目全线位于革命老区,沿线自西而南分别有袁州会议、安福县上街列宁学校、永新县三湾改编、井冈山革命根据地、遂川县工农兵政府旧址等红色记忆。为全力锻造品质工程,更好地服务老区振兴发展,宜遂项目坚持以"传承红色基因"为首要抓手,深入践行"创新、协调、绿色、开放、共享"五大发展理念,确立了"打造新时代美丽高速新典范"的建设目标。大力弘扬革命优良传统,按照新时代党的建设总要求,大力推行"党建＋工程"管理模式,并在建设过程中,持续加强学习实践的总结提炼,探索项目党建和工程建设融合新模式,更好地发挥党建引领作用。

6.1 基层党组织建设组织体系

项目坚持党建引领,引入"实施党建引领赋能行动",全面落实新时代党的建设总要求和新时代党的组织路线,纵深推进全面从严治党,为推动项目顺利开展提供坚强保障。按照《中国共产党章程》的要求,项目经理部成立党委,各分部成立党支部,项目经理部党委与业主、监理单位党组织协作配合,领导工程建设过程中的党风廉政建设工作。项目经理部设立政监室,具体负责工程建设过程中的党风廉政建设和纪检监察工作,根据项目管理实际,组织开展工程建设范围内党风廉政建设日常工作。

6.1.1 廉政学习教育制度

项目经理部党政领导班子及成员带头学习,率先垂范,以加强认识,深入领会中央和上级有关党风廉政建设的文件精神、具体规定以及部署、要求,并认真贯彻落实。政监室要针对工程建设过程中廉政监督工作暴露出来的新问题、新动向,及时组织开展专项教育活动。

1. 党风廉政教育的内容

(1) 组织党员学习《中国共产党章程》,中央、省、高速集团、交工集团制定的各项方针政策以及发布的规定、指示、决议等党规党纪,通过学习,使每个党员了解上级的有关精神。

(2) 明确每年党风廉政建设和反败的工作任务和工作重点。

(3) 组织党员、干部学习《中国共产党纪律处分条例》、《中华人民共和国监察法》、《中国共产党党员领导干部廉洁从政若干准则》、《关于实行党风廉政建设责任制的规定》和中央、省、市、县关于党员领导干部廉洁自律的各项制度规定。

(4) 广泛宣传,大力弘扬勤廉的正面典型和剖析反面案例,对党员、干部进行正反典型教育,帮助党员树立正确的世界观、人生观、价值观。

(5) 及时对党员干部进行党风廉政建设和反腐败斗争的形势教育,联系实际,寻找差距。

2. 党风廉政教育的形式和方法

(1) 组织参加培训班和充分利用上党课、组织生活、党员干部政治理论学习等形式,对党员进行经常性党性、党风、党纪教育。

(2) 召开座谈、专题讨论会,组织专题演讲会和写心得等,对党员进行专题教育;组织学习先进人物事迹,对党员进行勤廉兼优的先进人物、先进事迹教育。

(3) 充分运用电教手段,组织党员干部观看党纪教育录像、影视片、优秀文艺作品等,对党员进行党性、党风、党纪教育。

3. 其他要求

(1) 坚持每月不少于一次组织全项目部党员集中学习,认真学习马列主义、毛泽东思想、邓小平理论、"三个代表"重要思想、科学发展观、习近平新时代中国特色社会主义思想,学习法律法规,学习业务和科学文化知识,学习党的路线、方针、政策以及上级关于反腐倡廉的有关规定,增强党员法律意识和政治素质。

(2) 遵守学习纪律,自觉参加学习,不得迟到、早退,不得无故缺席,有事请假需领导批准。

(3) 要设立廉政学习记录本,记录每次学习时间、参加学习人员、学习内容、党员发言情况,每名党员都有学习记录本,并做好学习记录。在学习时,每名党员都要带学习资料,在讨论中要积极发言。坚持党、团组织生活制度,并有记录。廉政学习记录如图6.1所示。

图 6.1　廉政学习记录

6.1.2　议事制度

贯彻落实民主集中制原则,对"三重一大"事项等,按照"集体领导、民主集中、个别酝酿、会议决定"的原则,进行民主决策。

1. 议事原则

(1) 坚持以马克思列宁主义、毛泽东思想、邓小平理论和"三个代表"重要思想、科学发展观、习近平新时代中国特色社会主义思想为指导,严格遵守国家宪法、法律和党的规章,积极推进科学决策、民主决策和依法决策。自觉维护党中央的权威,在思想上、政治上同党中央保持一致。

(2) 坚持解放思想、实事求是、与时俱进,结合项目的实际,认真贯彻党的路线、方针、政策和中央、省委、省交通运输厅、省高速集团党委的指示、决定,创造性地开展工作。

(3) 坚持民主集中制原则,实行集体领导与个人分工负责相结合的制度。凡属党委会职责范围内的重大事项,要按照"集体领导、民主集中、个别酝酿、会议决定"的原则集体讨论决定。

(4) 坚持少数服从多数的原则。对讨论的议题需进行表决的,赞成票超过应到会党委成员人数的半数为通过。会议讨论多个事项,应逐项表决。提交会议讨论的事项形成决议后,如有不同意见,可申明保留,但必须在行动上服从并认真执行集体决议。

（5）坚持下级服从上级的原则。下级组织如果认为上级组织的决定不符合本部门实际,可以请求改变;如果上级坚持决定,下级组织必须执行,并不得公开发表不同意见,但有权向再上一级组织报告。对讨论的问题有不同意见暂时不能形成决议而又须尽快实施的,应及时报请上级党组织裁决执行。

（6）坚持保密原则。会议内容凡属保密的,与会人员一律不得外传。对会议讨论的内容及与会人员在会上发表的意见,不得向外泄露。造成泄密的,应视情节和后果,给予当事人批评教育,直至纪律处分。

2. 议事范围

（1）学习传达中央、省委、省交通运输厅、省高速集团党委、项目办党委及其他党组织的有关文件、指示、部署及方针、政策,并研究贯彻实施意见。

（2）审定有关召开党委扩大会议事项及各项准备工作,检查会议决定的贯彻落实情况。

（3）研究讨论党委工作计划、重要报告、总结和重大工作安排。

（4）研究审定项目办重大决策和年度计划,重大问题制定针对性目标及措施。

（5）讨论向省交通运输厅、省高速集团党委、项目办党委及其他上级党组织重大事项的请示、报告,逐级向下属分部发布指示、通知、通报等重要文件。

（6）研究讨论工作人员的考核、奖惩等有关事项,以及综合性的表彰、奖励。

（7）研究党建、思想政治和宣传工作。

（8）研究精神文明建设及群团有关工作。

（9）研究党风廉政工作。

（10）研究社会治安综合治理和保密工作。

（11）研究劳动模范、先进单位的推荐工作。

（12）定期召开民主生活会,加强党委自身的政治思想建设和理论建设。

（13）研究其他需提交会议研究的重要事项。

3. 议事制度

（1）党委会议一般每月召开一次,遇有重要情况可以随时召开。

（2）党委会议由党委书记召集主持。

（3）党委会议的出席人员为党委委员。根据会议议题,党委会议主持人可确定其他相关人员列席会议。

（4）党委会议必须有超过半数以上的党委委员到会方能召开。因故不能参加会议的应当在会前请假，对会议的议题如有意见或建议，可在会前用书面形式表达。

（5）党委会议召开时间、议题，除特殊情况外，一般应当在会议召开一天前通知相关人员，会议有关材料同时送达。提交党委会议讨论的议题，必须是涉及建设的重大问题，或依照有关规定，应当由党委会议讨论决定的重要事项。所有提交党委会议讨论的议题，由政监处汇总后报党委书记。党委书记根据有关规定和工作需要，在充分听取党委成员意见的基础上，确定党委会议的议题。党委成员按照分工可以决定的事项，行政在职责范围内可以决定的事项，不提交党委会议。中央、省委、省交通运输厅、省高速集团党委、项目办党委的重要会议、重要文件和重要指示精神按规定及时在党委会议上传达学习；省交通运输厅、省高速集团各部门召开会议后，可将会议文件送党委书记和其他党委委员传阅。

（6）党委会议讨论决定重要事情之前，应当进行充分酝酿。需要提交党委会议审议的重要事项，由党委书记和党委成员进行酝酿。

（7）党委会讨论决定重要事项时，应当充分发扬民主，做到集思广益。会议主持人在集中讨论意见的基础上，提出决策方案或意见，供会议表决。会议进行表决时，赞成人数超过应到会成员的半数为通过。未到会成员的书面意见不计入票数。表决可根据讨论事项的不同内容，采取口头、举手、无记名投票或记名投票方式。会议决定多个事项时，应逐项表决。对于意见分歧较大的议题，除紧急事项外，应暂缓作出决定。党委委员在讨论决定重大问题时因故缺席，由党委书记或委托有关人员事先征求意见，会后通报情况。

（8）政监处负责党委会议的承办和记录，对党委决定事项的贯彻执行情况进行督促检查，定期对落实情况进行梳理汇总，并及时向党委会报告。

4. 党委会决议执行

（1）党委会作出的决议、决定，由党委委员按照分工组织实施。重大决定事项的执行和工作进展情况，由承办单位及时向党委书记或党委会作书面报告，并在一定范围内通报。

（2）党委委员必须坚决执行党委会决议、决定，在执行中如发现新的情况需要复议，经党委书记同意后，可在党委会上复议。在没有重新作出决定前，原决议仍需执行，直至重新作出决定为止，任何人不得更改集体所作出的决议、决定。

（3）根据党委会决定拟制的通知、批复等文件，一般由党委书记签发。文件分送党委书记、委员，必要时抄送相关领导、部门和单位。

（4）党委会所通过的决议文件，凡可以传送的，经会议批准，及时传达到规定的范围。

6.1.3　组织生活及民主生活制度

（1）根据党章要求，项目经理部党委结合党员的思想实际和工作实际，定期开展组织生活，及时传达学习党的路线方针政策。不论是哪个职务的党员，都要参加所在支部的组织生活，并编入一个支部或小组，保证每个党员的思想、学习、工作都能纳入党组织的管理之中。在项目建设和党风廉政建设中，充分发挥党的基层组织战斗堡垒和党员先锋模范作用。

（2）项目经理部党政领导班子带头开好民主生活会，开展批评与自我批评时，要把广泛征求党内外群众意见，领导干部执行党风廉政建设责任制的情况，列为民主生活会的一项重要内容，要重点抓好领导干部思想作风、学风、工作作风、领导作风和生活作风建设。领导班子及成员要针对自身存在的问题和党员、群众提出的意见进行整改，整改情况应在一定范围内公开。

6.2　宜遂项目基层党建亮点

宜遂项目坚持党建引领，按照"围绕项目抓党建、抓好党建促发展"的工作思路，创新举措、突出特色，切实提升党建工作质量和水平，促进党建和项目建设深度融合，为推进项目建设提供了坚强的政治保障。主要的亮点工作如下：

6.2.1　注重学习，拧紧思想总开关

坚持思想建党，思想是行动的先导，突出政治理论学习，以习近平新时代中国特色社会主义思想、习近平总书记系列重要讲话精神为指针，强化党性教育，切实引导党员坚持理想信念，树立正确的人生观、价值观。开展专题集中学习，创新学习方法，通过组织集中学习、"线上线下"同步学习、网络平台业余学习等多种形式，重点学习习近平总书记"七一"重要讲话精神，并遵照"学、议、悟"三字要诀纵深推进，迅速掀起学习热潮。以党史学习教育为良好契机，讲好红色故事。利用驻地红色文化资源优势，开辟"第二课堂"，结合"三会一课"、主题党日等活动，进行现场教学，追寻红色足迹、传承红色基因，切实把学习成效转化为干事创业精神动力。现场学习如图 6.2 所示，追寻红色足迹如图 6.3 所示。

图 6.2　现场学习　　　　　　　　图 6.3　追寻红色足迹

6.2.2　夯实基础,培育优质"细胞"

党员是党的肌体细胞,只有确保细胞质量,党的肌体才能健康成长。精心打造党建文化主题广场,为党建品牌建设打基础。利用驻地园林环境,就地取材,把矗立的景观石绘制成党建文化背景墙(图 6.4),在曲形长廊两边镶嵌图文并茂的党建宣传展板,把古色古香的凉亭改成清风亭(图 6.5),还将青草植种成"自律""牢记宗旨"等醒目的警句格言,新添党史学习教育直观作品"船",船内包括"嘉兴红船""延安宝塔"等诸多红色文化元素,让广大党员、员工在喜闻乐见、耳濡目染过程中,达到党建宣传教育入脑入心的效果。健全完善制度,严格执行党建相关制度,以制度管人、用制度带队伍。精准对标,推进党建标准化建设。对照基层党建"三化"内容和要求,查找党建工作仍存在的薄弱环节,精准施策,抓达标、促规范。对照合格党员标准,开展"党建高质量发展年"各项活动,为党建品牌创建注入新活力。

图 6.4　党建文化背景墙

图 6.5　党建清风亭

6.2.3　压实责任，发挥"头雁效应"

聚焦"作示范、勇争先"目标定位，努力把党支部建设成为"讲政治、有活力、能战斗"的坚强堡垒，把党员队伍建设成为"政治强、业务精、作风优"的过硬队伍。搭建党建引领平台（图6.6），在施工现场设立"党员责任区""党员先锋岗"，推行公开承诺等，开展红旗班组劳动竞赛，强化责任担当，带头弘扬劳模精神和工匠精神，积极发挥头雁效应。创新活动载体，坚持"党建＋"理念，大力推行"党建＋党员先锋团队"、"党建＋主题党日活动"（图6.7）、"党建＋党员志愿者服务队"等"党建＋"工作模式，激发党员冲锋一线，攻坚克难，树标杆、作表率，为党旗争光辉。在岩头陂大桥建设过程中，以党员为骨干的作业班组历时83天努力奋战，成功攻克了5个典型溶洞桩基浇筑施工技术难关，党员技术员在实践中总结的"清表土重复利用"成功做法在全线予以推广。路基四分部项目建设捷报频传，取得了全线综合检查评比四个第一的骄人成绩。

图 6.6　党建引领平台　　　　图 6.7　党建＋主题党日活动

6.2.4 改进作风,做群众的贴心人

扎实转变作风,始终同广大群众想在一起、干在一起,风雨同舟、同甘共苦。完善和落实党员直接联系群众制度,开展结对帮扶。探索服务群众"零距离"模式,该项目部党支部与驻村党支部携手共建,经常性开展走访慰问和帮扶困难群众活动。把"我为群众办实事"实践活动作为党史学习教育的重要内容,规定动作做到位、自选动作做出彩,走好新时代党的群众路线,切实解决好群众急难愁盼问题,努力让人民群众有更多的获得感、幸福感和安全感,把好事、实事做到群众心坎上。为偏远山村修通沿山路,解决群众行路"难";帮助新修灌溉水渠,解决群众生产所"愁";为种田大户义务插秧,解决缺劳力护春播之"急";为严田隧道工地租用公交车一辆,解决一线员工所"盼"等。党员志愿者走村入户服务行动,受到群众交口称赞。党建服务群众如图6.8所示。

图 6.8 党建服务群众

6.2.5 正风肃纪,营造良好政治生态

抓党风廉政教育,认真学习党章党规,组织观看警示教育片,学习案例通报,做到警钟长鸣、防微杜渐(图6.9)。开展"廉政文化下工地"活动,将当地"红色文化"融入项目廉政文化之中,以此营造廉洁、清明、和谐、文明的工地新风尚。切实落实"一岗双责",认真贯彻民主集中制和"三重一大"集体决策制度。严明工作纪律,坚决克服工作中"怕、慢、假、庸、散"等不良现象。加强专项整治,紧盯项目建设的重点领域、重点部位、重点岗位,认真排查廉政风险隐患。认真落实中央八项规定及其实施细则精神,深挖细查"四风"问题新动向新表现,分部开展违规公务公款接待、违规收受礼品、铺张浪费等专项整治,自查自纠,及时整改,

积极营造风清气正的政治生态环境。

图 6.9 廉洁自律，正风肃纪

6.3 党建引领双碳建设案例

6.3.1 赓续"红色气质"，提升"绿色颜值"

1. 红色基因厚植党建底蕴

江西交通工程集团党委开展宜遂高速 SSA 标项目部班子集体谈话暨党组织书记座谈会，就抓好项目部班子建设提出希冀，围绕如何开展项目党建工作以及如何支持总包经理部工作进行座谈，为项目建设把方向、鼓干劲。

宜遂高速 SSA 标项目沿线大部分地处革命老区，时至今日，这里仍然传颂着脍炙人口的红色故事，"坚定信念、听党指挥、不怕牺牲、矢志奋斗"的红色革命精神，依然激励后人攻坚克难、砥砺奋进。为此，SSA 标项目部将传承红色基因作为党建工作的主打元素，通过组建党员先锋队、设置党员示范点等，引导党员先锋队及广大团员青年在施工建设、工程攻坚、创新创造等任务中发扬革命先辈精神，处处当先锋、打头阵、作表率。

为推进小构预制集中化、工厂化生产，SSA 标项目经理部打造了占地约 100 亩的小构预制厂。小构预制厂成立党员先锋队，厂区内设置多个党员示范点，将党支部工作与项目建设工作统一研究部署，联合打造围绕项目、服务项目、聚力项目的坚强堡垒。

在宜遂高速 SSA 标路基二分部 2# 钢筋加工场，多处张贴了党建宣传标语、横幅,设置了党建廉政文化宣传栏。路基二分部以"红色工地"(图 6.10)为抓手,以基层党建工作总揽全局,在 2#钢筋加工厂设立党员示范岗、党员先锋岗、责任公示牌,通过创建"红色工地",将党建与工程充分融合,充分发挥了党员的示范、带动、辐射作用。路基二分部党支部还在明月山 3 号隧道班组开展"党员进班组,领跑争先锋"主题党日活动,党员同志们与班组人员一起分享经验,探索方法,解决施工难题,为按时完成工程节点计划、实现阶段目标提供了有力的保证。

图 6.10 红色工地

在 SSA 标路基四分部,放眼施工现场,党旗处处迎风飘扬,党员个个争当先锋。该分部以"依托项目、服务项目、促进项目"为主旨,积极探索"党建+"工作新模式,开展党建品牌建设。在各个隧道施工队伍中组建党员先锋队红旗班组,开展"比、学、赶、超"劳动竞赛活动。将急、难、险、重工作列入党员责任范围内,量化任务指标,层层传导压力,切实落实工程质量、安全、工期等工作责任,真正发挥党支部的战斗堡垒作用与党员的先锋模范作用。路基四分部还提出了"一切服从、服务于施工一线"口号,将"主题党日"活动开展到工地,党员和职工"面对面""心连心",党员现场示范,及时解决施工中遇到的困难和问题,实现党建工作和项目中心工作"双提升""两促进"。

在传承红色基因实施过程中,SSA 标努力实现党建和项目建设深度融合,务求取得实效。宜遂项目 SSA 标总工联合党建负责人分别对四个路基分部逐一上门开展边坡技术和安全交底,同步进行党建引领,同时提出实施责任边坡制,充分发挥党员的先锋模范作用,设立党员责任区(图 6.11),亮明身份,压实责任,党员带头扛责任、扛节点、扛目标。

图 6.11　党员责任区

红色基因在这里熠熠生辉。走进宜遂 SSA 标项目部党员活动室,一张张革命先烈爬雪山、过草地、胜利会师的照片映入眼帘;党员宣誓墙让广大党员重温入党誓词,时刻铭记初心使命;党务公开栏全面反映项目部党建工作缩影;品质工程创建誓词,把品质意识、质量责任贯彻落实到工程建设的各个环节及每个员工的思想深处。

2. 勠力同心开启攻坚之旅

宜遂 SSA 标项目部在路基一分部联合开展"以党建引领送技术解难题"活动。江西交通工程集团有限公司党委领导亲临施工一线,宜遂 SSA 标总工等负责人参加,活动中与项目负责人就如何解决项目中出现的困难、如何抓好项目施工管理进行现场指导。

2020 年 10 月 31 日,路基一分部 K13+717 清沥江特大桥左幅 14 号首个承台顺利浇筑完成,拉开了桥梁下部结构全面建设的序幕。为确保承台的顺利浇筑,路基一分部精心组织、精准施策,党员干部在一线现场指挥,跟班作业。领导班子轮流全程跟班监控,及时现场解决施工中存在的问题。为高效有序推动工程建设,路基一分部高擎党建引领大旗,通过坚持党建引领,推动党建与项目建设攻关相融合。

为全力打造品质工程,有效把控工程建设质量,路基一分部还高标准打造了全线首个标准化钢筋加工厂。该加工厂占地面积 5 700 m^2,主要负责生产袁河特大桥、袁州新田互通主线上跨桥及 K1+200～K21+000 共约 11 185.4 t 盖板涵钢筋生产。加工厂采用全封闭钢结构厂棚,长度 190 m,宽度 30 m,配备了 2 台跨径 28.4 m 的 10 t 桁吊和先进的数控钢筋加工设备,并引入超市化货架管理模式,实现了加工钢筋成品及半成品智能化,大大加快了施工进度,提高了产品的规格标准。

工匠源于精益求精,品质成于锱铢必较。在工程建设过程中,SSA标发挥创新精神,借力创新技术,重点聚焦制约工程质量安全关键环节,反复研磨优化工艺,积极推广应用"四新"技术,组织开展"微创新"和科技攻关,着力打造内实外美的品质工程。

袁河特大桥地质结构复杂,需浇筑80多米长的水中桩基,在业内较为罕见。通过专家论证后,SSA标果断采用反循环回旋钻机。其工作原理是泥浆从钻杆与钻孔之间注入,随着钻杆内喷气削土,由于管径比孔容小很多,所以泥浆加削下来的土渣等快速从钻杆内排出地面,进入泥浆沉淀池处理后,可循环使用。反循环钻机钻进成孔工艺钻进速度快,不易塌孔,成孔造价低,且仅产生少量泥浆,施工过程中基本上不涉及泥浆外排,施工结束后集中处理即可,此工法在经济效益、质量保证、施工进度等方面均有良好的保证。

3. 品质创建打造美丽典范

自开工以来,宜遂SSA标秉持项目办提出的"匠心品质、创新引领、质安并重、美丽和谐、智慧建养、清正廉洁"品质工程创建理念,以打造新时代美丽高速新典范为契机,内外兼修,着力提升工程品质。

SSA标项目经理部位于宜春市袁州区南庙镇河塘村S224省道右侧,占地面积30亩,其中建筑面积达6亩,绿化面积达10亩,绿化率达到33.3%。项目部共规划为三区、两园、一带(三区:北部入口办公区,中部综合区,南部住宿区;两园:办公区合院内园,生活区休闲绿地公园;一带:东侧滨水景观带)。装配式四合院办公楼,徽派建筑风格的职工宿舍,安全、环保、美观、大方,红旗在高耸的旗杆上迎风飘扬,"实干担当"四个刚劲有力的红色大字镶嵌在景观石上格外引人注目,这里不仅水、电、空调、网络全覆盖,还有洗衣房、独立卫浴等硬件设施。

在工程建设中,SSA标将绿色环保理念贯穿工程建设全过程。路基一分部工程绿化包括互通2处、隧道1处、弃土场2处、全线中央分隔带、碎落台、护坡、路堑边坡、路堤边坡等多处。路基一分部因地制宜,对相应的绿化工程分类实施。其中,路基绿化以固堤护坡、诱导视线、防眩避光、美化公路为目的,上下边坡生物防护主要以混播禾本科、豆科草本植物的形式进行,在适当时节配合灌木点栽;碎落台选择花、灌、草有机组合,以绿为主,以花点缀;护坡道的绿化则是采用乔木与喷灌草相结合。在边坡防护绿化施工中,为确保植草存活率,路基一分部制定了边坡绿化工程施工方案,成立了质量保障小组。施工前对路基边坡进行平整清理,喷播作业做好准备;草种播完后,立即覆盖无纺布,减少坡面水分蒸发,改善种子发芽生长环境;出苗后根据出苗和气候情况及时追肥、浇水,以达到绿化美化边坡的效果。

路基三分部某路段路堑高边坡施工难度大,高度大于30 m边坡共计10段。最高处达到7级边坡防护。路基三分部秉承绿化先行和"一坡一设计"理念,坚持坡质勘察精细化、设计理念精细化、施工质量精细化、管理措施精细化"四步"精细化工作法则,着力打造品质最好、景色最美的"双示范"边坡美丽高速公路。

"不要人夸颜色好,只留清气满乾坤。"宜遂SSA标不但须"颜值高",而且要"颜色好"。宜春市袁州区洪塘镇井江中学的师生们收到了一份令人惊喜的大礼——宜遂高速SSA标项目经理部为学校修建一个4 000 m² 大小的操场,学生告别了"晴天一身土、雨天两脚泥"的窘境,能够在干净的操场上尽情地奔跑。路基四分部"党员责任区"组成8人义务修路队,在杨梅村西边组修通了一条3.5 m宽、150 m长的水泥路,村民们终于告别了多年的泥泞小路。各分部纷纷结合自身实际,走进贫困群众家庭送温暖、走进学校送图书……SSA标项目经理部还与地方政府一道联谊开展精准扶贫活动,把有工作能力的贫困户优先安排到分部就业,给以优厚的薪酬,助力驻地脱贫攻坚。

6.3.2 弹拨党建七彩琴弦,精筑老区九纵通衢

宜遂SSA标路面分部承担的74 km路面施工任务,是宜遂全线路面施工最长、体量最大的一个标段。时间紧、任务重是该分部进场后面临的两大难题。为此,集团公司精心挑选刚完成新疆、西藏道路建设任务,取得优异成绩的青年精英组成路面分部班子核心,同时成立了路面分部党支部。项目建设团队有条不紊地高效推进大临建设和备料工作,在项目办组织的季度评比和阶段评比中,连续三次荣获路面组第一名的好成绩,同时在项目办组织的"红色经典诵读"比赛中荣获三等奖。

1. 品质创建引领点——党建

宜遂SSA标路面分部以此为契机,深入开展党史学习教育,扎实做好党建工作,切实为群众办实事,实现项目建设新局面。分部成立了党史学习教育领导小组,制定了党史学习教育工作计划和实施方案,扎实有序地开展了系列活动,活动中体现了员工品质创建的责任和为民办实事的担当。据统计,该分部共为驻地百姓办实事15件次,为驻地修筑3条近500 m的村道,种植500棵行道树,挖筑水塘300 m²,引水抗旱保苗30亩,清洗村庄道路5次;除此之外,项目部还通过开展爱心助学、爱心慰老、爱心慰残等活动,向地方沿线群众传递爱心。

(1)扎实高效推进支部工作。施工中,建立健全党建各项规章制度,制定了

详细的项目党支部工作计划,投入巨资购置活动场所所需的设施配套。每周组织一次党员理论学习、党员大会、主题党日活动;项目党支部积极参加"三重一大"项目审核、监督工作;在施工一线,通过党员与项目点挂钩、党员亮明身份、党员佩戴党徽上岗、与员工结对帮扶等一系列方式,充分发挥党员模范示范作用;项目部党支部还通过谈话谈心、党内组织生活会的方式,确保项目党支部工作有序高效推进。

(2)深度融合党建+工建(图6.12)。党建工作深入施工第一线,通过党支部每月开展"党建+"活动(党建+科学论证、党建+技术攻关、党建+环境保护、党建+材料科普、党建+平安建设、党建+服务群众),助力党建与工建的深度融合,为党员和员工的无缝对接和品质工程创建搭建了平台,极大地激发了广大员工干事创业的动力。"潮平两岸阔,风正一帆悬。"路面分部班子集体发挥集团优势、凝聚集体智慧、做好集约管理,有信心、有能力,为擘画新时代宜遂美丽高速新典范而增光添彩。

图6.12 党建+工建第一线

2. 品质创建先手棋——强基

路面施工场站建设是关键,是品质创建的基础。为了打造大气、智能化程度高、生态环保的场站建设形象,根据线路走向的实际,对场站建设统筹布局,以"因地制宜、节约土地、保护环境、安全可靠、规范有序、功能完备、布局合理、满足生产、方便生活"的原则选址和建设4座场站。

(1)科学选址。为了实现方便施工的理念,项目部经过科学论证,将2号站选择在位于宜春市袁州区南庙镇梅花村,温泉大道右侧50 m处,距宜遂高速主线30 m,属城市规划建设用地,此举既避免了占用农田、耕地,又避免了对周边村民生活环境的污染,还大幅节约了土地征用拆迁成本。

(2) 精密布局。以"环保、安全、有序"内部布局为理念,邀请资深专家实地勘查、测量、校验、优化设计方案。如场站利用原有地貌,保留既有山尖形成天然屏障,将空气中粉尘、气味污染较重的沥青拌和区设置在内侧;进料道路高于储料区 3～4 m,便于运输车辆自然卸料,减少了人工成本;储料分区分类储放,避免不同规格砂石料的交叉混合;场站内进出道路分流,增大安全保障系数;建造五级沉淀池,安装智能环境检测系统,购置洒水车、强力清洗车、雾炮机、喷淋装置等先进的环保设备;场站内设置大量的安全警示标牌标识、大幅安全宣传标语。一系列精心布局,显示了建设团队的匠心独运和绿色生态的至高追求。

(3) 树立形象。科技是第一生产力,施工中,路面分部所有工程机械设备在全线路面施工单位引领行业潮。为了便于管理,项目部安装了智能物料管理系统、环境全域检测系统、安全监控预警系统,且联网运转统一管理,极大提高了工作效率。除此之外,项目部还在场站整体外观形象建设上费了一番心思。2 号站办公、生活区设置在拌和站工作区的下风口,两者既高低错位,又有机结合,种植多行绿植,实现有效隔离,自成一体,内设办公区、生活区、餐饮区、活动区、停车区 5 个板块,布局合理,绿草如茵,宣传橱窗精彩纷呈,整体环境清净、优雅、美观、实用。

3. 品质创建核心点——物机

为了抓住品质工程锻造的两个核心点——备料和设备,宜遂 SSA 标路面分部一方面从设备着手,通过购买的方式引进制砂楼和碎石智能破碎分类设备、四组 800 型水稳料震动拌和设备、两组 5000 型智能环保一体的沥青料拌和设备、智能化无人驾驶集群摊铺设备、边沟滑模施工设备及路面喷洒清扫全套设备,为百年平安品质工程创建提供强力的设备保证。另一方面从原材料入手,一是狠抓材料源头,对隧道洞渣严格选用,对不符合要求的一律不允许加工成路面施工用材;二是严把材料检验关,在场站入口处,安排专业人员逐车检查、验收,试验室定期抽查;三是对入场材料严格分类储放,砂、粉料采取大棚封闭储存,有效避免材料交叉混合,确保材料质量。在材料储备和新设备上花的大力气、下的真功夫,也取得了满意的成效。

4. 品质创建精准点——管理

宜遂 SSA 标路面分部承担的路面施工,涉及底基层摊铺、水稳层摊铺、沥青层摊铺及盖板明边沟、盲沟式边沟等施工内容,施工任务重、工期紧是项目建设者必须克服的。

(1) 优化资源配置。为确保试验路段施工按计划、保质保量顺利完成,成立以项目经理任组长的试验路段施工领导小组,配备了精干的技术人员和先进的机械设备、检测仪器设备。

（2）制定详细方案。施工中，制定了《级配碎石底基层试验路段方案（宜春段）》；在摊铺工艺方面，细化了 9 条技术规范；在碾压环节预备 2 套碾压方案，并制定了 7 条技术规范。在接缝处理、养生及交通管制方面，项目部也做了细致的安排。

（3）严格质量管控。根据工程实际，一是成立质量管理领导小组，建立健全高效的质量管理体系，积极开展质量创优活动；二是以质检部、试验室为项目质量监督实施主体，对施工项目工程质量进行全过程监督检查，质检工程师享有一票否决权的权力；三是加强工程质量全过程控制，严格按照"过程检验和试验控制程序"的内容保证三级验收制度的高效运转。

（4）完善安全体系。紧紧围绕项目办提出的"安全文明措施强制化"要求，以开展"平安工地"创建为契机，大力推进安全生产标准化建设，施工中以现场安全防护标准化、安全管理程序化为管理标准，全力有效控制施工安全风险。

（5）落实环保措施。结合国家对环保、水保以及双碳要求，施工中通过科学安排，紧抓"事前把关、事中控制、事后改进"三个环节，达到减少水土流失和植被破坏，减少噪声影响，预防大气污染，预防水质污染的目标。

6.3.3　党建引领风帆劲，党工融合争当先锋

1. 党建引领谋全局

按照新时代党的建设总要求，大力推行"党建＋工程"管理模式，并在建设过程中，持续加强学习实践的总结提炼，探索项目党建和工程建设融合新模式，更好地发挥党建引领作用。项目办建立健全"党委—党支部—党小组"三级管理机制，制定《项目党建规范化方案》，明确各级党组织要全力围绕宜遂项目总体目标，对承建标段建设过程中的施工组织、现场管理、品质创建等方面起到"把方向、谋全局"的作用，确保各参建单位工作步调始终与项目办工作安排保持高度一致。

施工单位进场后，着力强化工作载体的融合，督促各参建单位全面将自身工作触角深入施工现场，在拌和厂、钢筋加工厂、预制厂、桥梁、隧道工程等重要工点设立党员责任区或党员示范区，在攻坚克难的重要时刻组建党员攻坚队或党员突击队，同时通过组建党员示范班组、党员科研团队等，发挥党组织凝心聚力作用，发挥党员先锋模范作用，在把住关键中"管大局"。

宜遂项目高度重视团队建设，明确要以"担使命、强协作、善作为、守底线"为理念，加强项目管理、监理、施工等各参建团队建设，督促各参建单位党组织全面

担负好队伍建设重任,不断深化教育管理的融合。一方面加强党员干部等关键人员的教育管理,不断提升素质能力,在关键岗位、关键时刻发挥作用;另一方面加强其他参建人员的教育管理,统筹开展思想政治、业务技术、安全生产、生态环保、廉洁自律、作风纪律等全方位的教育培训,打造一支充满激情、团结能干、作风优良的团队。

2. 党建"三级管理"+党工融合

走近隧道施工现场,"党员先锋队(图6.13)""青年突击队"的旗帜猎猎招展,激情奔涌的火热建设场景处处可见。在隧道等控制性工程中设立党员责任区(图6.14)、党员示范岗,引导党员干部扎根一线,以认真严谨的态度、顽强拼搏的精神投身到重点难点工程的突破中。在永新石桥隧道建设过程中,以党员为骨干的作业班组历经百余天努力奋战,成功穿越了深埋、形态类型多变、充满水和粉质泥砂的深部地区,避免了洞顶坍塌和掌子面土体滑移等风险。

图6.13 党员先锋队

图6.14 党员责任区

强有力的"党建＋工程管理"为推进隧道掘进进度提供了强劲动力,助推宜遂项目隧道建设捷报频传。2022年6月12日明月山3号特长隧道全幅顺利贯通,7月26日永新石桥隧道全幅顺利贯通,8月29日严田隧道全幅顺利贯通……广大党员、青年在攻坚隧道的历程中当先锋、打头阵,打通了宜遂项目全线的一个又一个堵点,吹响了建成通车的冲锋号。

3. 党建"三级管理"＋党工融合

依靠群众求胜利是我们党的优良传统。宜遂项目特别注重一线班组的建设,把施工班组纳入质量安全管理体系,以"7S"(整理、整顿、清扫、清洁、节约、素养、安全)管理为核心,强化班组标准化建设。全面推行首次作业合格确认制,新进场班组进行首件工程试生产,合格后才能进行正式投入作业。严格每道工序的检查验收,出现3次验收不合格的情况,直接清退出场。切实加强对员工的激励,不定期组织开展检查评比活动,营造了"比学赶超"的良好氛围。

6.3.4 星火传递,初心筑路

宜遂C2标段起点位于井冈山市碧溪镇曲尺村,途径井冈山市碧溪镇6个村落,全长11.152 km。自2020年7月进场以来,项目经理部紧紧围绕着宜遂项目办"传承红色基因,坚持生态优先,打造美丽高速,铸就百年品质"的建设理念与"新时代美丽高速新典范"的建设目标,坚持党建带工建,工建促党建,努力构建"共建互促、优势互补、党工一体化"工作格局,推动党工同心合力、同频共振、同向发力,整个标段呈现出勃勃生机。

1. 传承红色基因,打造红色之路

宜遂C2标项目经理部党建品牌核心服务阵地"红色能量站",是项目开展党建工作、丰富党建文化的重要活动场所。宜遂项目办党委将C2标党建服务阵地红色能量站作为党建工作观摩地点,党建观摩增进了基层党组织之间的学习、交流,树立了企业品牌。

在项目建设初期,宜遂C2标在宜遂高速项目办党委"传承红色基因"的理念和公司党委"围绕工程抓党建,抓好党建促工程"的指导思想下,按照公司"甬上征程"党建工作的整体部署,找准重点、提前布局,积极发挥党建的引领、融入、服务功能,深入实施项目党建品牌创建,积极探寻党建工作与建设生产相融合的方式方法。在党员干部的探索之下,项目党支部结合井冈山红色文化,从井冈山精神中汲取信仰的力量,策划了基层项目特色党建工作计划"红路",意指在红色革命的路上,发扬井冈山精神,在党的引领下,追寻红色印记,用匠心铺筑新时代美丽高速。

打造了红色能量站。自红色能量站投入建成以来,党支部坚持贯彻落实"三会一课"制度,进行党史教育与"不忘初心、牢记使命"等各类主题教育,开展安全技能培训。同时,还开展了丰富的党建活动,如"重走红色路""再上井冈山"等,让党员干部感受到红色土地上不畏艰难、艰苦奋斗的精神。

为服务好当地群众,切实维护人民群众与职工的利益,C2标项目党支部坚持落实"为群众办实事"。项目建设中,C2标项目党支部还到碧溪镇敬老院和碧溪镇南岭村贫困户家里进行慰问,为项目周边的村庄修建硬化乡村道路、灌溉农田、铺设排水管道、硬化排水沟渠,吸纳沿线劳动力来带动当地就业,为项目部无法回家的员工过生日,在高温天气为一线工人发放防暑降温用品……C2标项目党支部始终坚持将人民群众利益置于首位,得到周边群众的好评。

2. 坚持党建引领,铸就品质之路

为将党建引领贯穿于质量、进度、安全等整个项目建设中,C2标项目党支部从支部建设与项目建设相融合、党员身份与项目职责相融合、主题活动与项目任务相融合三个方面出发,通过开展各类各项活动来促进党建在工程建设中的引领作用。通过党建引领,多措并举提升工程品质,确保达到宜遂项目办"筑就平安百年品质工程"的建设目标。

(1) 编制方案,完善架构。宜遂高速C2标项目部根据《江西省创建公路水运品质工程实施方案》及项目办下发的《宜遂项目施工标准化实施细则》等政策文件,编制了《宜遂高速C2标品质工程创建方案》,成立了以项目经理为组长的品质工程创建领导小组,完善了项目部品质工程创建管理制度,层层落实责任,利用考核及奖惩制度来提高全体人员的工作积极性。全面的施工方案、完整的人员架构、详细的制度清单为C2标优质高效地推进项目品质工程建设提供了保障。

(2) 严格管理,抓实措施。严格执行施工技术交底、首件工程制、原材料质量管控等相关管理措施。在施工管理中,采用三级交底制度,技术交底经由项目工程技术和管理人员、各部门负责人及施工班组、一线各工位工作人员完成,做到未经技术交底不得开工。同时,结合项目工程内容和特点,明确了路基工程与桥梁工程中开展首件工程制的工程清单,对进入本工程项目施工现场的原材料和半成品实行严格控制与检验,梳理制定了质量通病治理计划表,为规范化施工和品质工程建设创造条件。此外,为达到信息化与标准化管理,C2标还采用了技术手段来加强对施工现场的管理,如将二维码识别技术应用在桥梁墩柱的施工建设中,建立了桥梁墩柱的数字化信息库。

(3) "软硬"兼施,标准施工。在路基工程与桥梁工程建设方面,C2标采用

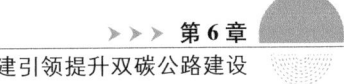

路基落锤式强夯、液压式强夯台阶法、方格法、边坡坡口弧化等工艺工法；通过植物生态防护与工程防护相结合的方式全面推进边坡防护工程；针对预制梁板施工，重点攻关解决桥梁预制构件制作中的关键工序质量控制，优化施工工艺。在施工班组软实力提升方面，实行现场7S管理，通过教育培训、考核激励的方式提高作业班组的综合素质，建立健全质量责任制，定期开展施工人员技术培训，开展丰富多样的班组技能竞赛。

（4）生态友好，环保加成。井冈山植被丰富，生态保护林较多，为尽可能减少对环境植被的破坏，C2标对周边山林进行勘察，合理规划布置弃土场、施工便道、场站等临时用地，尽量避开基本农田，充分利用表层土，及时开展植被恢复与土地复耕工作。施工过程中，C2标将永临结合等绿色环保理念贯穿始终。永泰隧道最大限度地采用"零开挖"进洞施工方法，把对施工现场的山林破坏程度降至最低。为减轻施工给周围居民生活的影响，在施工现场每日安排洒水车进行道路喷洒，定期清洗车辆，确保运输车辆表面清洁，并在拌和站设置环境监测仪，实时监控场站的扬尘与噪音情况。

3. 推动融合发展，建设平安之路

"党建带工建，带出一片新天地。"为加深党的建设与工程建设的程度，C2标坚持在重难点工程开展"党旗红"、岗位技能比武等活动，抓好党员先锋队、青年突击队等载体建设，使党建工作有效融入施工生产各个环节。在试验室、永泰隧道、预制梁场等施工现场设有多个党员责任区与党员示范岗，鼓励党员和青年干部带头攻坚，有效破解工程项目建设难题。

为了有效控制工程施工中存在的风险，自进场以来，C2标全面贯彻"安全第一、预防为主、综合治理"的安全生产方针，建立了组织保证、制度保证、技术保证、思想保证、经济保证五大保证体系。项目建设初期，C2标就建立健全安全生产管理组织机构及人员组织配备，逐级签订安全责任书，明确各自的安全职责。同时，生产经营活动中严格遵守"安全生产人人有责、管生产必须管安全"的原则，落实"一岗双责"，达到全员参与、全面管理。

为保证安全生产，项目安全部定期排查施工现场的安全隐患，及时曝光违章行为，对违章行为整理形成文件，督促相关人员及时整改到位。同时，加大安全生产宣贯力度，组织全体人员学习观看安全教育视频，通过为施工队伍发放安全宣讲册、开展岗前培训与班前安全宣讲、在施工现场设置警示标识与宣传标语等多项措施，营造浓厚的安全生产氛围，提高全体工作人员的安全意识。

C2标以安全生产月为契机，举行安全生产月启动仪式，安排好安全生产月中的各项工作，号召各施工队伍进行安全宣誓与签字承诺，让安全生产深入人心,切实做到"落实安全责任,推动安全发展"。

此外,在隧道施工、桥涵施工等多方面,C2标多措并举,利用信息化手段来保证施工安全。C2标永泰隧道施工处采用了电子门禁系统,利用含人脸识别技术的三辊闸机来掌握工作人员的进出场情况,进行人车分流,LED显示屏会实时显示施工人员的进场时间、姓名、职位等信息,有效控制非本辖区工作人员进场带来的安全隐患。同时,隧道内实时监控各类气体浓度、作业人员与设备的分布情况与运动轨迹,便于合理调度与安全管理。在桥涵施工方面,做到墩柱模板与安全平台通道一体化施工,并严格落实安全技术交底与班前安全教育,提前确认现场实际安全状况,把控各项安全细节。

党建与工建工作的同频共振、同向聚合,有力推动了项目建设。C2标先后获得宜遂高速项目办"最美项目部"、宁波市国资系统党建示范阵地、项目党建引领工作季度优秀等荣誉。宜遂高速C2标坚持初心,为建设美丽宜遂、建设交通强省而不断奋进。

回顾宜遂高速公路建设历程,两年半时光,800多个日夜,一路走来,项目部以工程机械作笔,沥青砂浆为墨,山峦大地为画卷,描绘出一幅风光独好的锦绣大道,为新时代江西改革发展留下浓墨重彩的一笔,从此山不再高,路不再长,眼前一马平川,远方群山如黛。宜遂高速全体参建人员在赣中西部的红土地上印刻下自己的奋斗足迹,谱写了一曲新时代的建设者之歌!

第 7 章

沥青路面无人摊压施工助力双碳目标

双碳目标下的智能道路施工不仅依赖于传统的施工方法,还需要借助科技创新来实现可持续发展。从智能施工设备到数字化建模技术,从自动化控制系统到无人机监测,各种科技手段被广泛应用于道路施工领域。这些创新不仅提高了施工效率,也降低了碳排放量,为道路建设赋能了绿色可持续的发展动力。沥青路面无人摊压施工技术应运而生,该技术通过智能化控制系统,实现沥青混凝土的精确摊铺和压实,可以有效降低能源消耗和碳排放量。无人摊压施工不仅提高了施工效率、减少了人工成本,还保证了路面质量的一致性和稳定性,有助于推动公路行业向绿色、低碳转型,实现可持续发展,为我国实现碳达峰、碳中和的目标贡献力量。

7.1 无人化摊压技术介绍

7.1.1 技术原理

无人驾驶技术在路面施工中的应用主要分为两种模式:一种是远程控制模式,该模式通过遥控系统实现施工现场的无人化作业;另一种是自主模式,该模式通过预设参数,使施工机械能够智能、自主地完成施工任务,而无须远程控制。

在无人驾驶路面机械的分类中,同样存在两种类型:单一机械的无人化,如无人摊铺机或压路机;多机协同作业的无人机群。

无人摊压技术系统通常包括以下几个关键组成部分:局域地面基站、通信交互系统、智能避障系统、车载控制系统、施工现场及路径规划系统、施工现场工况采集系统。这些系统利用了无线通信(包括微波和5G技术)、高精度定位、智能控制、3D找平、传感等技术,无人化摊铺机如图7.1所示。

通过对传统施工机械设备进行改造,安装车载控制器、雷达、摄像头、高精度卫星定位系统以及各种传感器,无人驾驶机械能够实现自动行走、料斗开合、输

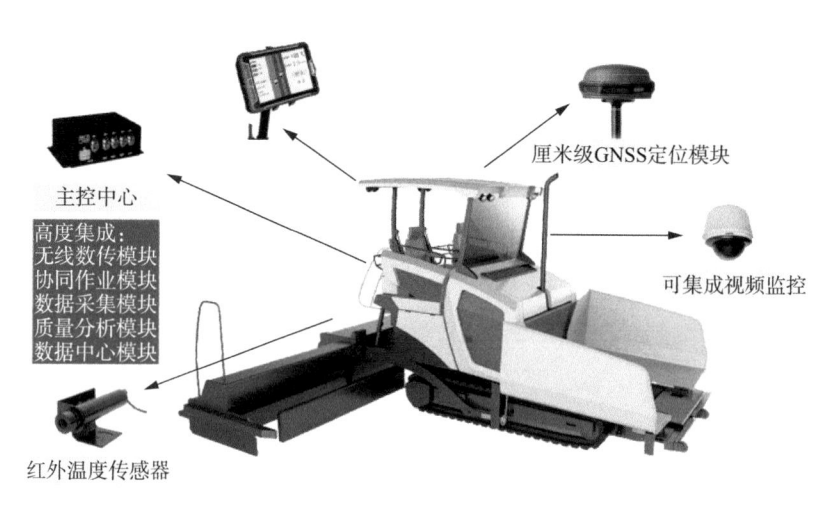

图 7.1　无人化摊铺机组成

分料自动运行等功能,并能够充分收集施工过程中的环境温度、路面温度、碾压速度等数据。无人化压路机如图 7.2 所示。

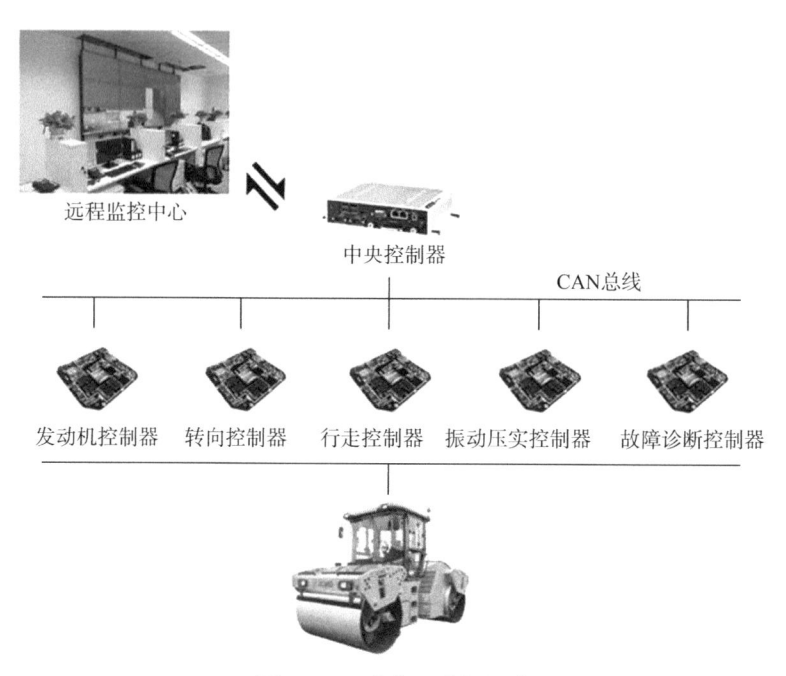

图 7.2　无人化压路机组成

收集到的数据通过无线传输系统实时传输至地面指挥中心,实现可视化的实时监控。在设备施工过程中,利用高精度定位导航技术对车辆进行定位和行驶轨迹的控制。在安全控制方面,通过定位技术设置电子安全围栏,并结合机群各设备的高精度定位,实时规划各设备的无碰撞行驶轨迹。

此外,毫米波雷达能够及时捕捉机身周围的活动轨迹,当有人靠近无人压路机约 2 m 时,系统会自动感应并减速停车,从而进一步提升了施工过程的安全性。通过这些技术的综合应用,无人驾驶技术在提高施工效率和质量的同时,也显著提升了施工安全水平。

无人化摊压技术原理如图 7.3 所示。

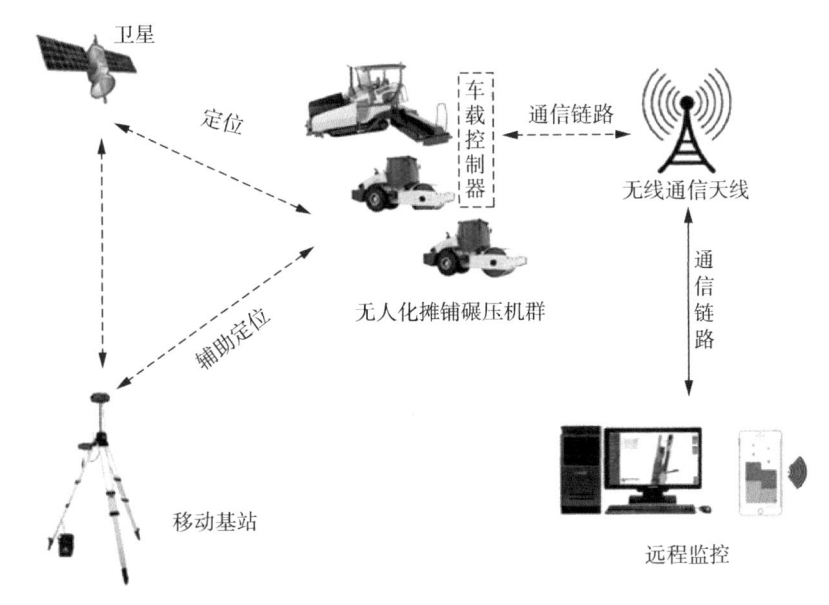

图 7.3 无人化摊压技术原理

7.1.2 技术优势

(1) 由于压路机驾驶环境的特殊性,驾驶人员容易产生疲劳,特别是在碾压振动过程中以及高温情况下,驾驶条件更加艰苦,很多压路机操作人员转岗改行,造成人员紧缺。因此,智能施工中的压路机无人驾驶便成为解决这些问题的有效途径。

(2) 路面压实遍数的控制是一个难点,非常容易出错,通常情况下,需要专人负责统计压实遍数或者驾驶员进行遍数统计,但是由于人工统计容易出错,实际压实遍数与设定的压实遍数严重不符。当采用智能碾压时,统计碾压遍数由系统自动完成,不会出现错误。这样既不会因超压产生额外成本,又能确保压实度满足要求。

（3）由于人工控制压路机轨迹难度大，造成压路机相邻两遍之间重叠面积控制不准确，可能产生超压，另外，路面边缘（中间路缘石以及路肩）部位碾压效果达不到要求。而智能压实轨迹由计算机控制，能够精准地对行进路线进行控制，优化行进路径，保证压实效果。

①施工安全方面：无人驾驶技术通过多级安全防范措施，如自动预警、紧急停车、自动避障等，显著提升了施工现场的安全性。这些技术不仅减少了施工区域的人员数量，还有效避免了由人为原因导致的安全事故。

②施工质量方面：通过北斗高精度定位技术，无人驾驶技术能够精确控制施工碾压轨迹，确保道路施工的一致性。这种技术有效地避免了人为操作中常见的漏压、过压、欠压和超速等问题，从而保证了施工质量。

③施工效率方面：无人化施工实现了摊铺速度与碾压速度的最优匹配，并支持连续不间断作业。这不仅解决了因人员问题导致的工期延误，而且显著提高了施工效率。

④工程效益方面：无人驾驶技术通过精确计算、精准控制和人员优化等手段，有效节省了能源消耗，降低了操作人员成本和职业健康支出。此外，精确控制摊铺精度也避免了由于人为操作误差导致的返工和材料浪费。

7.1.3 无人化摊压主要设备

在无人摊铺作业中，采用了高精度的北斗全球定位系统、惯性导航技术以及障碍物检测技术。这些技术共同为施工机械提供精确的行驶路径指引和控制指令，确保各个工作系统的准确操作，从而顺利执行预定的行驶、转向和工作设备操作等任务。无人化设备关联图如图 7.4 所示。

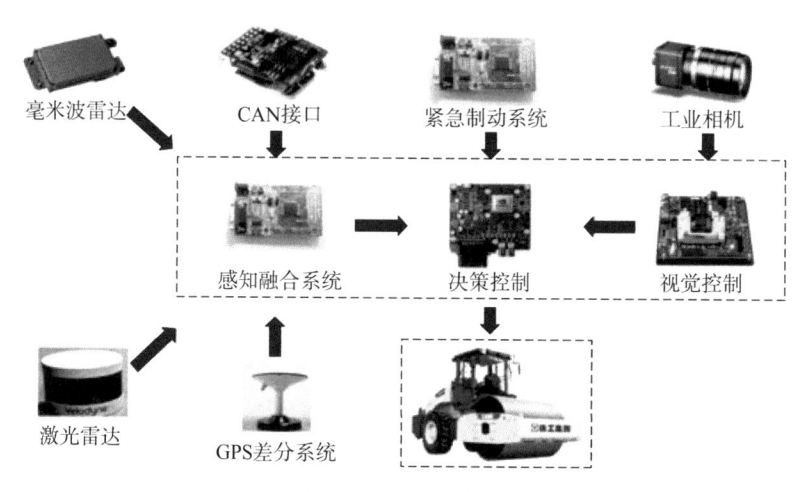

图 7.4　无人化设备关联图

7.2 无人化摊压技术现状及发展要点

7.2.1 智能施工技术

1. 路径规划

对无人驾驶沥青摊铺和压实设备进行了深入的改造和优化。在保证设备本身性能可靠的前提下，针对不同的施工环境，如高速公路、城市道路、山区道路等，采用先进的 BIM 建模和仿真技术，对施工现场的地形、障碍物等因素进行全面分析，并在此基础上规划出合理的施工路径方案。开发了自适应的路径规划算法，能够实时感知施工现场的变化，如临时障碍物的出现、地形的调整等，并据此动态调整无人机械的行驶路径，确保施工安全高效。将优化后的施工路径和调度方案，通过移动通信网络传输至远程操控中心，实现对整个施工过程的全程监控和远程干预。操控人员可以根据现场反馈信息，适时对机械的作业路径和参数进行调整，确保施工质量和进度。

2. 3D 找平技术

3D 找平技术是无人驾驶沥青路面集群施工中的关键环节之一。该技术主要包括以下几个步骤：

（1）将路面设计数据导入 3D 找平控制器。这些设计数据包括道路的三维几何形状、坡度变化等信息，为后续的找平作业提供基准参考。

（2）利用 GNSS 接收机和 RTK（实时动态定位）载波相位差分技术，实时获取摊铺机熨平板的厘米级 3D 点位信息。RTK 技术能够提供高达厘米级的定位精度，可以准确获取摊铺机当前的空间坐标和姿态角度。

（3）通过在摊铺机上安装激光发射器和接收器，将获取的 3D 点位信息转换为电信号。控制系统根据这些电信号，计算出实测高程与设计高程之间的差值。

（4）控制系统利用电磁比例液压换向阀，根据高程差值实时调整摊铺机的找平装置。这种闭环控制方式可以实现毫米级的高精度找平，确保摊铺机按照设计要求进行平整施工。

（5）通过对找平过程中采集的大量数据进行后台分析处理，实现了无桩化的摊铺作业。传统的找平作业需要依赖于桩基准，容易受到人为误差的影响。而无桩化方案则可以大幅减少人工干预，提高摊铺质量，同时还能满足频繁变坡和曲线路段的施工要求。

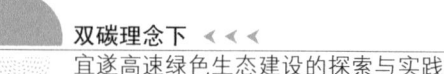

3D找平技术充分融合了卫星定位、激光测量、电液控制等先进手段,实现了对摊铺机高程的精准控制,为无人驾驶沥青路面集群施工奠定了坚实的技术基础。

3. 沥青路面"无人化"智能摊铺技术

无人驾驶沥青路面集群施工的智能摊铺技术是实现全自动化作业的关键所在。该技术主要包括以下几个方面:

(1) 在无人摊铺机上部署了一系列的作业面检测传感系统,包括温度检测传感器、雷达、双目摄像头等。这些传感器能够实时动态采集施工现场的各项参数,如路面温度、摊铺厚度、松铺系数等,为后续的智能决策提供依据。将采集到的这些数据,通过移动通信网络实时回传至现场管控中心。管控中心拥有完整的施工图纸和作业要求信息,能够根据实时反馈的作业参数,分析出最佳的施工方案,如温度控制范围、摊铺厚度、松铺系数等。

(2) 管控中心将这些最佳施工参数发送回无人摊铺机的控制系统。摊铺机借助北斗RTK高精度导航系统,能够准确定位自身在道路上的位置和姿态,并结合设计图纸信息,自主规划出符合要求的施工路径和作业参数。

(3) 在远程控制台智能摊铺管理系统的实时监控和控制下,无人摊铺机按照预先规划的路径和参数,实现全自动化的摊铺作业。管控人员可以随时监控摊铺机的作业状态,并根据需要进行远程干预调整,确保整个施工过程的安全高效。

这种集数据采集、参数分析、路径规划、自主作业于一体的智能摊铺技术,充分发挥了无人机械的自动化优势,大幅提高了沥青路面施工的效率和质量。同时,远程控制也确保了施工人员的安全,为无人驾驶沥青路面集群施工注入了新的动力。

4. 沥青路面"无人化"智能压实技术

(1) 高精度定位系统。采用地面激光自动追踪的定位基站和移动站,配合载波相位差分算法,可以为压路机提供厘米级的RTK定位精度。这不仅能够精确控制压路机的行驶轨迹,还可以实现对压路机碾压过程的精准监控。与此同时,可靠的无线传输技术确保了远程控制中心能够实时掌握各压路机的状态和作业参数,提高了管理效率。

(2) 智能化的安全防护功能。通过多源传感器,压路机能够实时监测周围环境,自动识别并规避障碍物。一旦检测到安全范围内有人或物,压路机会自主刹车,待障碍物移开后再自主起步。这大幅降低了人员伤害和设备损坏的风险,为施工现场带来了更高的安全保障。

（3）基于卫星定位和多种传感器,该系统还能全面监控压路机的碾压过程和压实质量。实时采集碾压速度、次数、温度、振动频率等数据,经过统计分析后可以反馈给施工管理人员,为优化施工方案和质量控制提供依据。这对于提升整个道路工程的质量水平非常重要。

智能化压实技术集定位精度、远程监控、自动避障和压实质量监测于一体,充分体现了信息化技术在道路工程领域的应用。它不仅大幅提高了施工效率和质量,更为现场作业人员创造了更加安全的作业环境。未来随着相关技术的不断进步,相信这种智能化压路机系统会在道路工程建设中发挥越来越重要的作用。

7.2.2 技术现状

近年来,随着互联网、物联网、大数据、云计算、人工智能等新一代科技革命与交通产业的深度融合,交通产业的新形态正在加速形成,这为自动化建造技术的快速发展和交通运输行业的转型升级提供了强有力的技术支撑。中央经济工作会议也多次强调,要加快新型基础设施建设的步伐,并将5G技术、人工智能、工业互联网等纳入"新型基础设施建设"的范畴,如图7.5所示。

图 7.5　新基建产业链

路面施工的数字化和智能化是一个涉及人工智能、智能网联车辆、数据中心、智能制造等多个领域的综合应用,它与科技型新基建的要求高度契合,并且符合国家新基建的指导方向。利用现代智能技术与装备,结合物联网和人工智能等新兴技术,对传统路面施工工艺进行全面数字化改造,旨在实现建设过程的自动化、智能化和无人化,这些改造具有环境适应能力强、作业效率高、质量安全风险小、经济效益好等显著特点。

数字化和智能化的转型升级是装备制造业创新协同发展、构建产业新生态的必由之路。在路面摊铺施工中,辅助驾驶是施工过程自动化的关键环节。这一环节的自动化不仅意味着生产方式、沟通方式、管理方式、经营方式和思维方式的演变,还实现了人机系统的自主化、协同化和最优化。新技术与实体经济的深度融合增强了数据采集、管理和挖掘的能力,使生产制造系统更加和谐,产品服务更加智能,质量基础不断夯实,价值品质不断提升。路面自动化施工技术的成功应用,将为路面施工带来更环保、更安全的施工环境,创造更高效的施工作业方式,为中国道路建设提供高品质的质量保障。

在路面摊铺施工中,摊铺机驾驶员需要长时间专注于驾驶位上,确保摊铺机行驶方向与划定基准线的一致性,这无疑增加了驾驶员的劳动强度和疲劳度,并限制了驾驶员在其他工作上的精力投入。因此,摊铺机实现自主行驶不仅可以减轻驾驶员的劳动强度,还可以在某些特定施工场景中提升路面施工组织管理的安全性。国内部分主机厂家已与施工企业联合进行了摊铺路演和摊铺试验,以推动摊铺机无人驾驶的应用。图 7.6 为无人摊压施工原理图。

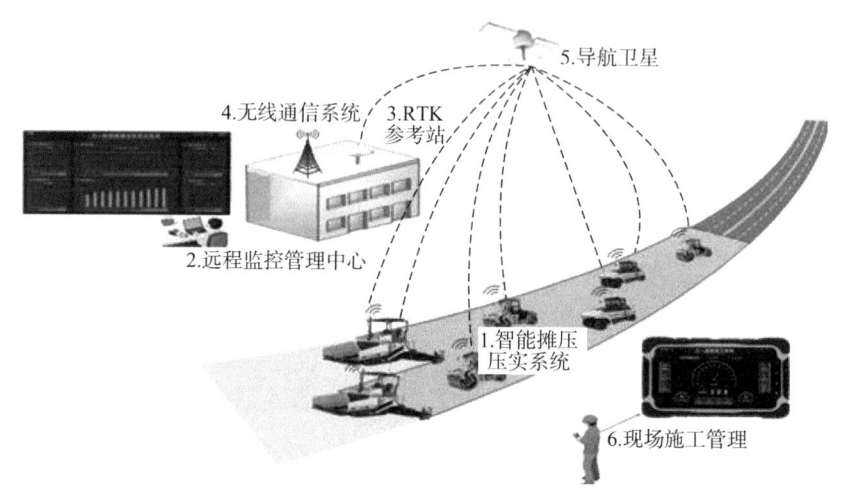

图 7.6 无人摊压施工原理图

7.2.3 发展要点

1. 机群多模式路径规划算法

在机群协同施工过程中,压路机的工作并非简单的线性堆叠,而需要一种高效的算法来协调各个压路机的路径,确保它们之间的相互配合,从而提升整个机群的工作效率,如图 7.7 所示。沥青面层的路径规划算法基于两个基本原则:一是紧随摊铺机作业；二是确保压路机在合理区域内进行换道，防止压实度较低的路面材料被卷起。通过数学仿真软件的辅助，结合智能算法，可以模拟出多条符合条件的路径，并对每条路径的施工时间、与摊铺机施工进度的同步率、无效路径的比例等参数进行评估，以确定最佳的路径规划方案。

图 7.7　机群多模式施工

2. 移动一体式自组网技术

在设计无人机群通信系统时，采用 Mesh 自组网设备，利用其灵活性和自愈功能，快速建立一个无线数据传输网络，实现图像、语音、数据和控制信号的传输。机群中的压路机之间通过发送和接收实时行驶速度、相对位置等行驶状态相关数据，分析和预判其他压路机的驾驶行为。同时，车载上位机与移动管理端之间的通信使得管理人员能够实时获取车辆状态信息和施工状况。压路机还可以将施工过程中的数据信息，如行车路径、压实路径规划等，上传至云平台，形成施工日志。管理人员可以通过云平台下载施工日志文件，作为研究样本，从而对无人机群施工和压实工艺进行深入研究。无线自组网示意图如图 7.8 所示。

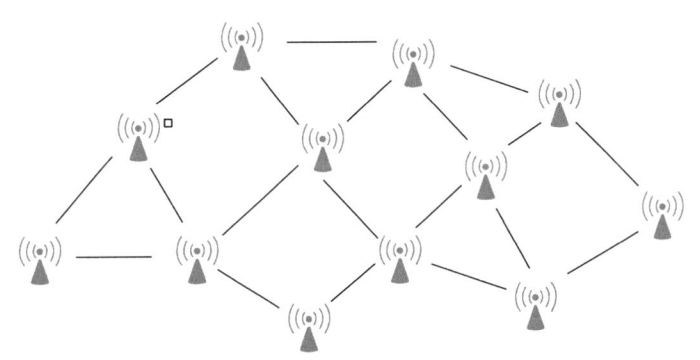

图 7.8　无线自组网示意图

3. 机群智能诊断技术

故障自诊断系统通过数据采集单元实时监控压路机状态，并利用模式识别和知识推理进行故障诊断(图7.9)。机群远程监测系统通过网络通信技术对远方的压路机进行监视，记录作业过程中的状态信息，并将其处理成结构化数据存储在远程监测控制站的数据库中。机群远程诊断系统基于神经网络和人工智能构建远程诊断专家系统，进行多参数、多故障的综合诊断。机群远程会诊中心为设备控制人员提供协同工作环境，利用现有的诊断资源，实现复杂系统的快速、及时、准确的诊断和维护。

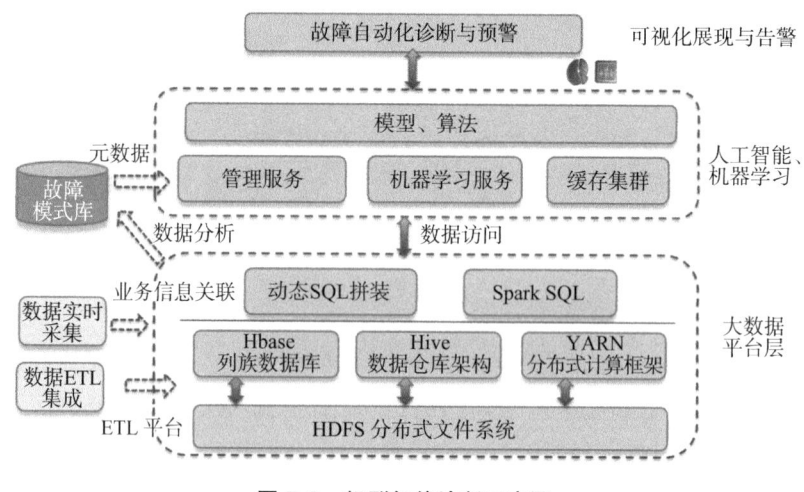

图 7.9 机群智能诊断示意图

7.3 无人化摊铺集群施工关键技术

无人驾驶集群系统主要由感知模块、路径规划与决策模块、局域网通信模块、控制执行模块、后台监测模块五大部分组成，综合利用高精度 GPS(北斗)定位技术、惯性导航技术、障碍物识别技术，为设备提供行驶路径引导与控制信号，控制设备多个工作系统动作，完成既定的行驶、转向、工作装置作业等任务。

7.3.1 集群化施工工艺策略

在无人驾驶路面施工工艺中，为了满足传统沥青路面铺设的工艺和质量要求，通常采用以下做法：

第 7 章　沥青路面无人摊压施工助力双碳目标

（1）采用阶梯式作业流程：在总体集群化施工策略的框架下，通过算法协调无人化路面机械之间的配合，确保它们能够快速高效地进行协调配合。

（2）合理避免冲突和意外：通过算法合理安排无人化机械的作业顺序和位置，避免发生冲突，并能及时应对意外情况的发生，确保集群化施工的整体效率。

（3）实现完整高效的集群化施工：在前述措施的基础上，通过科学的集群化施工策略，确保整个施工过程高效有序地进行，满足传统沥青路面铺设的工艺和质量要求。

在无人驾驶路面集群施工中，主要有以下 4 个作业梯队：

（1）摊铺梯队：包括 1 台摊铺机，在其熨平板两侧安装有北斗定位系统，负责扫描和确定可施工区域。

（2）初压梯队：包括 3 台双钢轮压路机，负责沥青铺设后的初次压实。

（3）复压梯队：包括 3 台胶轮压路机，负责在初压梯队后对沥青进行复压。

（4）终压收面梯队：包括 1 台双钢轮压路机，负责在前述压实作业后对路面进行终压和收面整平。

在双向 6 车道公路施工中，这 4 个梯队协调配合，通过算法调度和北斗定位，有序推进无人驾驶集群施工，如图 7.10 所示。其中，初压和复压梯队负责沥青的压实任务，终压收面梯队则通过视觉传感器检测前期压实轨迹，对未覆盖区域进行补压整平。这种集群化施工方式，可以实现无人驾驶路面机械的高效协同作业，满足传统沥青路面施工的各项要求。

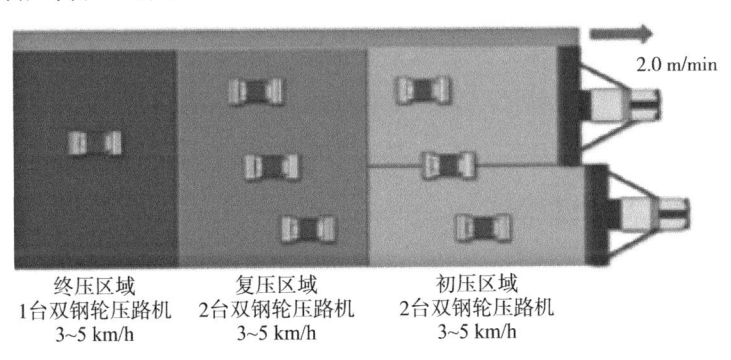

图 7.10　无人施工场景

终压区域　　　　复压区域　　　　初压区域
1 台双钢轮压路机　2 台双钢轮压路机　2 台双钢轮压路机
3～5 km/h　　　　3～5 km/h　　　　3～5 km/h

2.0 m/min

7.3.2　集群化施工避障策略

在无人驾驶路面集群施工中，设备需要应对两种主要障碍物：施工设备和施工人员。为保障施工安全和效率，集群设备采用以下智能化避障策略：

1. 融合毫米波雷达和超声波传感器

毫米波雷达的工作原理与激光雷达类似，都是通过发射信号并接收反射信号，根据信号的频率差计算出目标距离。不同之处在于，毫米波雷达使用的是波长在 1～10 mm 之间的毫米波电磁波，而不是激光。毫米波雷达具有以下特点：穿透性强，受雨雪等恶劣天气影响较小；体积小，易于安装在车载设备上，适合用于测量车辆之间的距离和速度；对反射面积较小的行人等目标识别精度较低，容易出现误报。毫米波雷达原理图如图 7.11 所示。

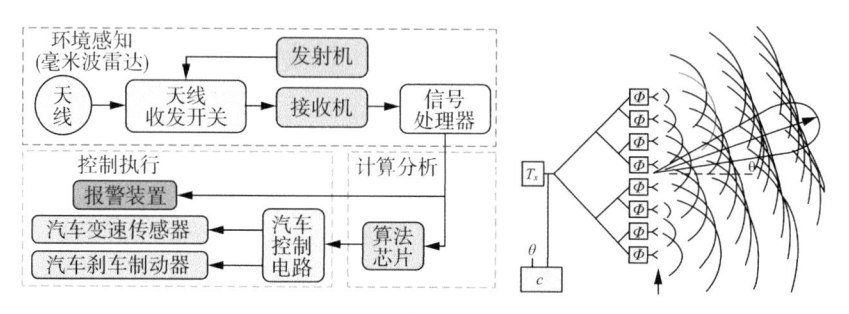

图 7.11　毫米波雷达原理图

超声波传感器包括发射头和接收头，通过发射特定频率的超声波并接收反射信号，计算出目标距离。超声波传感器具有以下特点：测量范围一般在 3 cm 到 3 m 之间，适合用于低速环境中对近距离障碍物的检测；受天气温度等因素影响，测量精度较低，指向性较差，在测量远距离目标时回波信号较弱。超声波雷达原理图如图 7.12 所示。

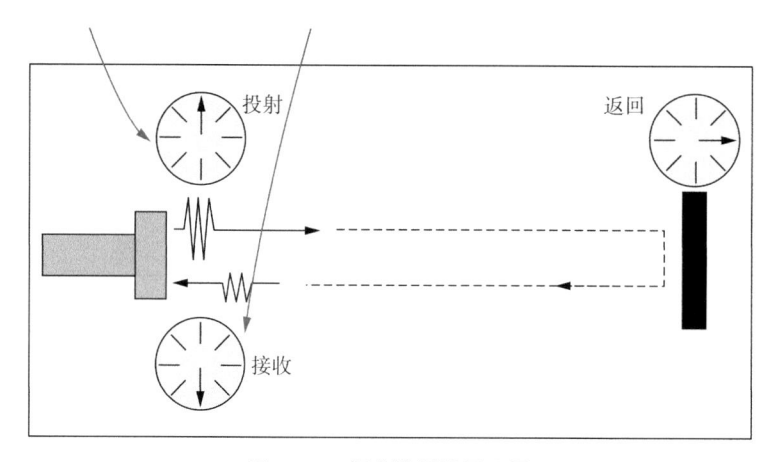

图 7.12　超声波雷达原理图

两类传感器在路面集群施工中的融合应用时可发挥各自优势,毫米波雷达擅长检测远距离金属目标,如施工机械,超声波传感器则适合检测近距离非金属目标,如施工人员。两类传感器的数据经过融合处理,可以全面感知施工现场的各类障碍物。同时提高检测可靠性,通过多传感器融合,可以弥补单一传感器的局限性,提高障碍物检测的准确性和可靠性,为后续的智能决策提供可靠依据。

毫米波雷达和超声波传感器在无人驾驶路面集群施工中发挥了重要作用,通过各自的优势特点和融合应用,确保了施工现场的安全性和作业效率。

2. 基于毫米波雷达的自动减速刹车控制策略

基于毫米波雷达的智能减速刹车策略,在感知障碍物的基础上,无人驾驶路面集群设备还需要根据障碍物的运动状态采取相应的规避措施,其中最关键的是基于毫米波雷达的智能减速刹车控制策略。避障控制策略流程图如图7.13所示。

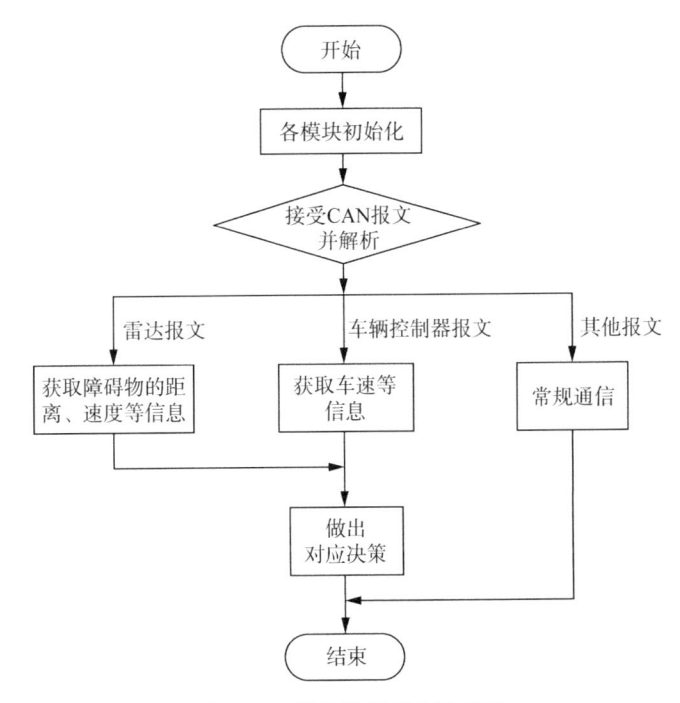

图 7.13 避障控制策略流程图

(1)实时监测障碍物动态:毫米波雷达不仅能检测到障碍物的距离,还可以测量其运动速度。通过分析障碍物距离和速度的实时变化,集群设备可以准确判断出障碍物的当前运动状态。

(2)智能减速刹车决策:当检测到障碍物正朝向设备行进时,根据当前距离适当减缓车速,根据下一步的变化情况,决定是否需要继续减速或执行制动。当检测到障碍物开始远离设备时,根据当前距离,逐步恢复之前降低的行走速度,使设备的减速和制动更加平缓,避免急刹车。

(3)平缓停车策略:为避免沥青铺设施工因急刹车而导致沥青被搓起,从而影响施工质量和效率,集群设备采用先减速后刹车的平缓停车策略。具体来说,当检测到需要停车时,首先会减缓车速,待车速降到一定程度后,再执行制动动作。这种平缓停车方式,可以有效防止沥青铺设过程中出现因刹车冲击而造成的质量问题。

基于毫米波雷达的智能减速刹车控制策略,结合平缓停车技术,可以使无人驾驶路面集群设备在应对各类障碍物时更加安全高效,为沥青路面施工提供有力保障。

7.3.3 远程施工遥控策略

为实现无人驾驶路面集群设备的远程控制,当前施工现场采用了诸多先进的信息化技术手段,主要包括以下几个方面:

1. 现场视频音频采集与传输

通过在设备上安装高清摄像头和麦克风,实时采集作业现场的视频和声音信息。借助5G通信网络,这些信息能够以较低延时传输到远程操控台,为操控人员提供沉浸式的现场体验。

2. 基于VR的沉浸式遥操技术

操控人员可以利用VR设备,置身于虚拟施工现场中,通过头戴式显示器、手柄等设备,实现对路面机械的沉浸式遥操控制。这种技术可以大幅提高操控的真实感和反应速度。

3. 语音识别的车辆遥操控

除了VR遥操技术外,操控人员还可以通过语音指令对路面机械进行远程控制。语音识别技术可以快速准确地翻译人工指令,并将其转换为机械动作指令,提高了遥操的便捷性。

4. 双手柄的远程控制

为了进一步增强操控的精准性,操控台还配备了双手柄控制设备。操控人员可以通过模拟实际驾驶的手势动作,对路面机械进行精细化的远程操控。

5. 基于5G的实时信息反馈

整个远程控制过程需要建立操控者与被控对象之间的信息反馈闭环。5G网络的高带宽、低时延特性,可以确保操控指令和设备状态信息能够在两者之间实时传输，提高了远程控制的响应速度和稳定性。

通过上述先进技术手段的集成应用，无人驾驶路面集群设备能够实现高度可靠的远程控制，为施工人员提供沉浸式的虚拟现场作业体验，大幅提升了施工效率和安全性。

7.3.4 无人化摊铺辅助导航方案

1. RTK 导航系统

RTK（实时动态定位）载波相位差分技术是一种新型的测量方法，通过实时处理两个测量站的载波相位差分来提高定位精度。该方法将基准站采集的载波相位数据发送给用户接收机，用户接收机再进行坐标差分解算。在过去，静态、快速静态和动态测量需要事后处理才能获得厘米级的精度。而在 RTK 作业模式下，基准站通过数据链将其观测值和测站坐标信息一起传送给流动站。流动站不仅通过数据链接收来自基准站的数据，还要采集 GPS 观测数据，并在系统内组成差分观测值进行实时处理，同时给出厘米级定位结果，历时不足一秒钟。流动站可处于静止状态，也可处于运动状态；可在固定点上先进行初始化后再进入动态作业，也可在动态条件下直接开机，并在动态环境下完成整周模糊度的搜索求解。在整周未知数解固定后，即可进行每个历元的实时处理，只要能保持四颗以上卫星相位观测值的跟踪和必要的几何图形，则流动站可随时给出厘米级定位结果。

RTK 技术可以在野外实时获取厘米级的定位精度，这在 GPS 应用中是一个重要的里程碑。RTK 技术的出现，为工程放样、地形测图和各种控制测量提供了新的方法，大幅提高了作业效率。

RTK 辅助驾驶控制系统由以下几个主要组件构成：导航控制器、差分 GPS、导航平板、路径采集器，系统可以实现摊铺机在有人监控下的自主导航行驶控制过程。其中，导航控制器是关键部件，主要负责路径跟踪任务，其通过以太网接收来自差分 GPS 的位置信息，同时通过 Wi-Fi 与导航平板进行数据通信，获取路径信息，导航控制器执行路径跟踪算法，产生控制信号。导航控制器内置高灵敏度惯性测量传感器进行地形补偿，接收并处理转角传感器、GNSS 接收机和导航路径信息，向步进电动机或液压阀等转向控制器输出控制信号。这些控制信号通过 CAN 总线传输给车载控制器。最终，车载控制器通过控制车载液压阀和机械结构，实现摊铺机的自主导航行驶。

2. 视觉引导导航

该导航系统利用工地地面上的白灰线作为视觉识别的基准，通过高可靠性的工业相机捕捉这些线条的图像。在边缘控制器的非实时处理系统中,对捕获的图像进行分析处理,并进行数据库管理、数据存储和发布。图像处理的最终结果通过操作系统内存通信传输至相应的组态软件。系统规划的驾驶路径会与摊铺机的车载控制器进行数据交换。底层检测的结果数据被存储在边缘服务器的本地数据库中。白灰线的识别控制依赖于工业摄像机的图像捕捉、照明系统的启动信号以及当前位置状态等信息的输入。视觉导航灵活性比较好,改变或扩充路径也较容易,路径铺设也相对简单,导引原理同样简单而可靠,便于控制通信。

3. 激光雷达导航系统组成

该系统通过识别施工方在地面标记的白灰线,采用激光扫描仪在特定角度范围内对白灰线进行扫描。扫描仪负责采集白灰线的具体位置信息,并在每次采集完成后,将数据上传至边缘控制器。在边缘控制器中,对数据进行预处理,随后进行点云数据分析。分析后,系统将计算白灰线与施工车辆之间的距离,并将该距离信息传输至车载控制器。车载控制器根据接收到的信息,对摊铺机的行驶方向或状态进行控制,以确保施工的精确性和稳定性。

7.4 无人化摊铺集群施工

7.4.1 应用情况

宜春至遂川高速公路项目是《江西省高速公路网规划修编(2018—2035年)》"10纵10横21联"中第9纵的重要组成部分,由江西交工承建,是江西高速建设史上一次性投资最大的项目。项目联通沪昆、泉南、莆炎三条高速,串联明月山、武功山、井冈山三大国家风景名胜景区。工程完工后进一步完善了赣西、赣中区域路网结构,加强了相关景区之间的联动发展,促进了相关地区融入粤港澳大湾区发展。

2021年10月1日江西交工举办了"宜遂高速路面智能化无人驾驶集群施工现场观摩会",智能化无人驾驶集群施工首次在江西应用。项目2次跨高速、4次穿越铁路、9次穿越普通国省干线、11次穿越矿区,所经区域山势险峻,深挖高填多,全线桥隧比高达44.1%,局部路段达到64%,加之处于三大风景名胜区交界地,对设备工况、施工管理协调和环境保护提出了很高的要求。

在该项目上,无人摊压机群迎难而上,采用自动驾驶技术、智能压实技术和可视化技术,由北斗卫星定位导航,全流程数据协同,车辆运行精度在5 cm以内,大大提升了路面的平整度与施工效果。数据显示,采用无人机群道路施工,可实现多台无人机 24 h 不间断协同施工,节省 80% 以上人工成本,提高施工效率 30%,做到施工过程数据化、在线化、可视化,真正实现了由"黑色路面"到"绿色施工"的转变。无人化摊铺压实机群如图 7.14 所示。

图 7.14 无人化摊铺压实机群

7.4.2 工艺流程

无人化沥青混合料施工技术的应用主要体现在摊铺和碾压两个关键工序。无人摊铺时采用智能感知和控制技术，能够自动跟踪施工线路，精准控制铺料厚度和宽度，实时监测路面状况，优化摊铺参数，提升摊铺质量。无人压实时通过先进的传感器和控制系统，自动识别路面情况。智能调整压实参数，提高压实效率和质量，确保路面平整度。在工艺流程上，无人化沥青混合料施工技术与传统施工技术较为一致。

1. 碾压参数及工艺

静压：双钢轮振动压路机前进时静压，后退时高频低幅（弱振）1遍。

振压：双钢轮振动压路机高频低幅（强振）2遍。

碾压：胶轮压路机碾压4遍。

收光：双钢轮压路机静压1~2遍。

收边：采用小型双钢轮压路机收边。

初压应从路面外侧向中心碾压，有坡度的路面应从低处向高处碾压。在规范规定的温度范围内开始初压作业，碾压过程中如发生沥青混合料粘轮现象，应向碾压轮洒少量水，减少粘轮现象，严禁使用油性液体。

复压和初压工序应紧密衔接，碾压过程中压路机不得随意停顿。每次碾压长度宜控制在60~80 m范围内，相邻碾压带重叠1/3~1/2的碾压轮宽度。

终压紧跟在复压后进行。终压采用双钢轮静压1~2遍，消除轮迹，提高平整度。在终压过程中，用3 m直尺逐尺检测平整度，并做好记录；对平整度不满足规范要求的段落进行复压，直至达到规范要求。

摊铺路段的起始折返位置应随摊铺机前进而推进，横向呈阶梯形。压路机起动和停止时应减速缓行，严禁在未碾压成型路段上转向、调头、加水或停留，严禁突然变速或刹车。

在当天成型的路面上，严禁停放各种机械设备或车辆，同时避免沥青路面上有散落混合料、油料等情况。

2. 碾压轨迹

（1）碾压宽度：对于10.5 m宽的四车道高速公路一幅路面，通常需要2台压路机，每台车的碾压宽度为5.25 m，采用3条碾压带（每条1.75 m），2条碾压带之间的搭接宽度为0.25 m，符合《公路沥青路面设计规范》(JTG D50—2017)要求。对于7.5 m宽的等级公路，通常采用1台压路机，规划4条碾压带（每条1.87 m），2条碾压带之间的搭接宽度为0.13 m，也符合沥青路面设计规范要求。

(2) 碾压长度:第一个循环,从摊铺机铺料起点开始,距摊铺机后 2~3 m 为第一条碾压带,长度不小于 25 m;第二条及后续碾压带长度,仍从摊铺机铺料起点距摊铺机 2~3 m 的动态距离测算。第二个循环,第一条碾压带长度,以第一个循环第一条碾压带终点轨迹减 1~2 m 为起点,距动态跟进摊铺机 2~3 m,后续各条碾压带长度依此类推。第三个循环,各条碾压带长度,以上一循环对应碾压带终点轨迹减 1~2 m 为起点,距动态跟进摊铺机 2~3 m。第 N 个循环,各条碾压带长度,依次按上述方法计算。

3. 注意要点

(1) 摊铺机上应配备全球导航卫星定位终端,准确设置压路机的作业轨迹。同时需要与微波通信天线、远程控制天线及工业控制计算机保持连接通畅,并确保电源稳定。

(2) 在施工区域设置移动式 5G 通信基站时,要保持电源稳定,确保全球导航卫星定位终端、微波通信天线、远程控制天线等设备的通信畅通。

(3) 摊铺机及压路机机群中,各台压路机的机器设备各部件性能应良好,燃料油、润滑油、水箱水位等要保持充足。安装的工业控制计算机、定位终端、微波通信天线、远程控制天线等连接要畅通无阻。同时,全球导航卫星定位终端、微波通信天线、远程控制天线、激光避障雷达、激光测距传感器、超声雷达、转向系统、激光测距装置等组件不能被遮挡。

第8章

智慧工地建设创新支撑双碳目标

在双碳背景下,智慧工地建设创新技术成为推动交通行业转型升级的重要手段,其以信息化、数字化为基础,通过集成物联网、大数据、人工智能等高新技术,实现对施工现场的全方位监控与管理。宜遂高速公路智慧工地技术包括无人勘测、环境监测、能耗管理、智能监控、远程调度、安全管控等模块,智慧工地建设创新有效降低了施工过程中的能源消耗和碳排放。

8.1 基于双碳目标的智慧工地建设理念

8.1.1 智慧工地的双碳理念

智慧工地是指通过信息化、数字化、智能化手段,对施工现场的人员、设备、材料、环境等要素进行实时监控和管理,从而实现工地管理的精细化、自动化和智能化。智慧工地的建设,通常包括物联网、大数据、云计算、人工智能、5G通信等技术的集成应用。这些技术的引入,使得工地管理人员能够实时获取工地的各项数据,并通过数据分析与决策支持系统,优化施工过程,减少不必要的能源消耗和碳排放。智慧工地通过整合先进的数字技术和管理系统,不仅提升了施工效率和安全性,还在实现双碳目标中发挥了关键作用。宜遂高速公路智慧工地的双碳理念如下:

(1) 无人勘测技术,通过无人机、激光雷达(LiDAR)、三维建模等先进设备和技术手段,实现了对施工现场的精准测绘和数据采集。这种技术不仅提高了勘测的效率和精度,还减少了传统勘测方法中人力、物力的浪费,进而降低了碳排放。例如,无人机可以快速覆盖大面积的施工区域,减少了传统勘测车辆的使用,降低了燃油消耗和尾气排放。此外,精准的勘测数据有助于优化施工方案,避免因地形测量误差导致的反复施工,从而减少不必要的资源消耗和碳排放。

(2) 智慧环境监测技术,通过装设各种传感器和监测设备,实时监控施工现场的空气质量、水质、噪声和粉尘等环境参数。这不仅有助于确保工地的环保标准达标,还能够及时发现和纠正施工过程中可能导致环境污染的行为。通过对环境参数的实时调整,工地可以减少有害物质的排放,降低对周边环境的负面影响,避免因环境问题导致的停工和整改,从整体上减少碳排放。

(3)能耗智能管理,通过物联网技术,工地可以对施工设备、照明、供暖、通风等系统的能耗进行实时监控和智能调控。这不仅能够显著降低能源消耗,还能通过数据分析优化能源使用策略。例如,智能照明系统可以根据工地的工作时间和自然光照情况自动调节亮度,避免不必要的能源浪费。对于大型机械设备,能耗管理系统可以根据实际需要调整运行状态,避免空转和低效运作,从而减少燃油消耗和二氧化碳排放。

(4)施工过程智能监控技术,通过高清摄像头、传感器和视频分析技术,对工地的施工过程进行全方位的实时监督。这不仅能够提高施工的安全性,还能通过监督施工行为,减少能源和资源的浪费。例如,通过视频分析技术,智能监控系统可以识别出工地上的违规操作,如机械设备的长时间空转、材料的浪费等,并及时发出警告或自动采取措施加以纠正。这种精准的监控能够有效减少不必要的能耗和碳排放,提高施工的环保效率。

(5)远程调度系统技术,利用云计算和大数据分析技术,实现对施工资源的高效配置和管理。管理者可以远程监控和调度人员、设备和材料,避免传统施工中因调度不当导致的资源浪费和碳排放增加。例如,通过对施工进度的实时监控和分析,远程调度系统可以优化各个施工环节的衔接,减少等待时间和资源浪费。此外,远程调度还可以减少管理人员的现场巡查频率,减少了交通工具的使用,从而减少了交通工具燃油消耗和碳排放。

(6)安全智能管控技术,通过物联网传感器、人工智能和大数据分析,对工地的安全状况进行实时监测和预警。这不仅能够有效防范安全事故的发生,还能够在事故发生后迅速做出反应,减少损失和资源浪费。例如,通过智能安全帽、智能穿戴设备等,工人可以实时反馈工作状态,管理者可以及时发现和处理潜在的安全隐患,避免因安全事故导致的工期延误和资源浪费。此外,智能安全系统的高效运作还能够减少因停工而增加的额外能耗和碳排放。

因此,智慧工地通过技术创新和管理优化,有效减少了能源消耗和碳排放,为实现双碳目标做出了重要贡献。这不仅有助于公路施工的可持续发展,还为整个社会的低碳转型提供了强有力的支持。

8.1.2 技术方案与特点

本项目整合了多个管理系统和监测体系,从而支撑双碳目标的实现,管理系统和监测体系包括无人机技术智能应用、环境监测(含喷淋系统)、拌和站监测、实验室质量监测、路面摊铺质量监测、现场生产视频监控、人员安全门禁管理、BIM+VR安全体验馆、设备管理等。这些系统和技术通过统一平台进行展示和数据的交互,实现了对工地全方位的管理和控制,从而构建出内容全面、多维度数据支撑的智慧工地和数字工地平台。

在施工过程中,本项目严格按照相关标准执行,力求打造一个规范、特色鲜明的智慧工地和数字工地。现场的实施人员、管理和安装方式均遵循相应的规定和要求,确保在满足使用功能的同时,实现施工的标准化、模块化和规范化。

宜遂高速项目还实现了异构数据的融合,通过统一汇总、存储、分析和管理工作中的各项信息,结合多维度数据,为智慧工地的运行提供了全方位的保障。同时,通过设备间的联动,包括环境监测和喷雾、视频等内容的交互,使得智慧工地能够实现真正的智能化、便捷化和科学化。

平台的功能设计紧密结合现场实际情况,提供了数据接口,以便与其他系统进行对接,打破了信息孤岛。平台功能不仅着眼于项目特点,还面向未来,实现了功能先进合理,对工地进行了综合管理和掌控。平台包括多个工地的统一管理、权限管理(例如安监部门、劳务公司和环保部门的不同权限)以及统计分析等功能,结合规范标准进行相关监测点位的布设,确保了管理的无纸化和高效化。

8.2 无人机技术智能应用

为进一步提高施工现场管理效率、降低人力和管理成本、减少安全事故,项目拟开展无人机技术应用,在施工现场开创性地使用新技术,借助无人机低空遥感技术,快速获取道路建设施工现场数据信息,增加对"高、陡、滑、深、远"等复杂作业工点的检查,减少人员在危险环境的作业,另外通过对现场原貌进行三维还原,实现数据可追溯。从工程质量、安全及进度三个方面实现项目建设的施工信息化管理。通过新技术的应用,提升项目的管理效率,减少了安全风险,保证了工程质量,较好地保证了工程进度,在道路工程建设领域具有示范作用,可为其他工程项目提供借鉴。

本项目采用大疆无人机航拍,通过4G网络,将施工现场情况传回项目部、公司、集团,各级管理人员可通过监控中心、PC端、移动端进行查看,及时了解现场情况,实现空中远程监控。无人机应用技术应用原理如图8.1所示。

无人机技术应用在进度管理上,使管理者在电脑上就能直观、全面地掌握工程信息;安全管理上降低人员到"高、陡、滑、深"等复杂区域的作业频率,减少安

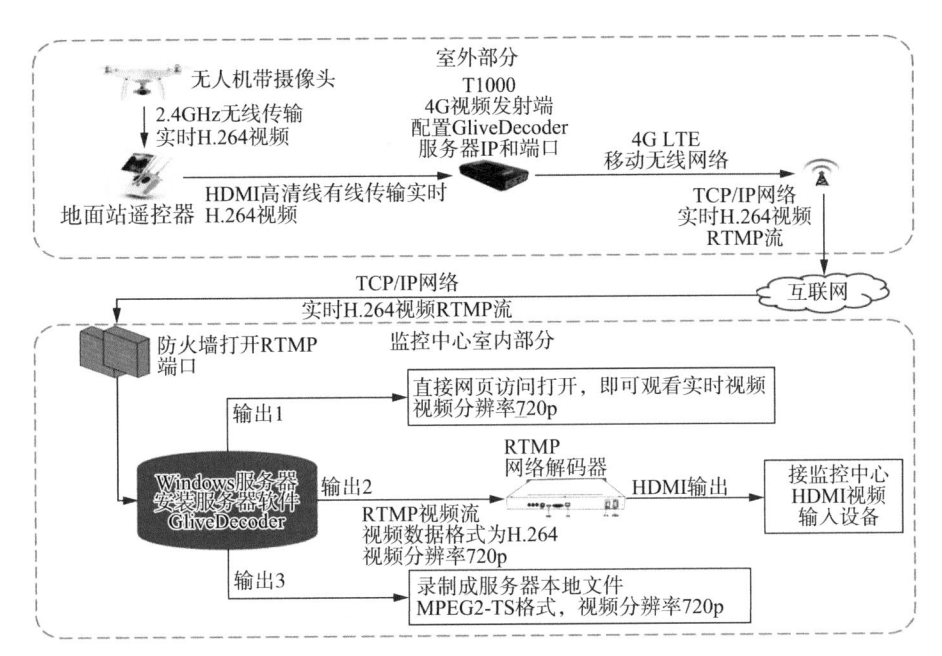

图 8.1　无人机应用技术

全隐患；质量管理上提高检查频率，并减少"人不易到达"的检查盲区，获取精细化质量数据；数据管理上可追溯性强，减少人为影响。

8.2.1　原始地形地貌获取

无人机在工程数据采集中发挥着重要作用。通过无人机拍摄的影像，经过专业图像处理软件处理可生成二维正射影像和三维模型等数字成果，为工程管理者提供了清晰明了的原始地形地貌信息。这些数字成果有助于前期了解线路走向、选址施工便道、临建住址、拌和站、加工场等，同时也可用于快速、准确统计占地征拆量。相比传统的外业踏勘和测量方法，使用无人机进行数据采集不仅更加高效，而且可以有效降低安全隐患。无须大量人员在野外进行实地调查，同时也大大减少了无关人员进入施工区域的风险。应用如表 8.1 所示。

表 8.1　无人机技术线路原始地形地貌应用表

项目	数据采集	提交成果	用途
沿线地形地貌	清表前采集	1∶500 正射影像图、数字地表模型、三维模型、报告	保存可追溯的全局原始地形地貌，后期有征拆等争议时可还原；道路中心线两侧各 75 m 宽的沿线正射影像图、数字地表模型、三维模型
征拆			统计占地征拆量；实景展示征地类型、位置等
临建			辅助临建场地选址、便道选线

8.2.2 临时工程复绿面积计量的应用

在临时工程的复绿工作中,传统的测量方式存在一些问题和局限性,技术人员需要前往复杂的施工现场,携带测量仪器进行实地调查和测量,不仅工作效率低下,而且存在一定的安全隐患。更重要的是,对于一些地形地貌复杂的临建场地,单纯依靠人工测量很难快速准确地计算出复绿面积。而利用无人机进行数据采集,能够很好地克服上述困难。无人机可以快速、高效地覆盖整个临建场地,获取详细的地表信息。结合专业的影像处理软件,可以根据获取的三维模型数据,准确计算出复杂地表的实际面积,为复绿工作的计量结算提供可靠的依据。应用如表 8.2 所示。

表 8.2 无人机技术临建面积计量应用表

项目	数据采集	提交成果	用途
工程质量	每处采集 1 次	正射影像图、数字地表模型、三维模型、报告	直观了解绿化植物生长情况; 矢量化绿化面积; 为绿化面积计量管理提供准确数据,优化成本把控水平
其他			

8.3 环境监测(含喷淋)子系统

8.3.1 系统目的

随着我国社会经济的迅猛发展,多地频现以颗粒物(PM_{10} 和 $PM_{2.5}$)为主的灰霾天气,对公众健康及社会经济造成负面影响。为此,环保部(现为生态环境部)发布了《关于开展第一阶段大气颗粒物来源解析研究工作的通知》,旨在深入剖析雾霾的成因,为治理工作提供科学依据。数据分析表明,无论是 $PM_{2.5}$ 还是 PM_{10},扬尘污染所占比重最大,分别达到 30% 和 45%。经调查,扬尘主要来源于建筑工地施工过程中的车辆行驶、爆破作业、挖掘作业等产生的尘埃。工地施工过程中产生的扬尘和噪声污染,一直是工地与周边居民的主要矛盾焦点,也是环境监管部门高度关注的问题。

为了有效监控建筑工地的扬尘和噪声污染,接受市民监督和投诉,共同打造绿色环保工地,构建和谐社会,有必要实施工程环境自动监控系统,彰显企业履行社会责任的实际行动。

8.3.2 监测系统组成

扬尘监测子系统由多个功能单元组成,包括扬尘监测单元、噪声监测单元、气象监测单元、数据采集处理单元、数据传输单元以及 LED 显示屏单元。这些单元共同协作,实现对工地环境参数的实时监测、数据展示和上传功能,确保工地环境参数能够全天候得到监管。该系统与政府监测平台无缝对接,提高了监管效率和准确性。监测系统拓扑图如图 8.2 所示。

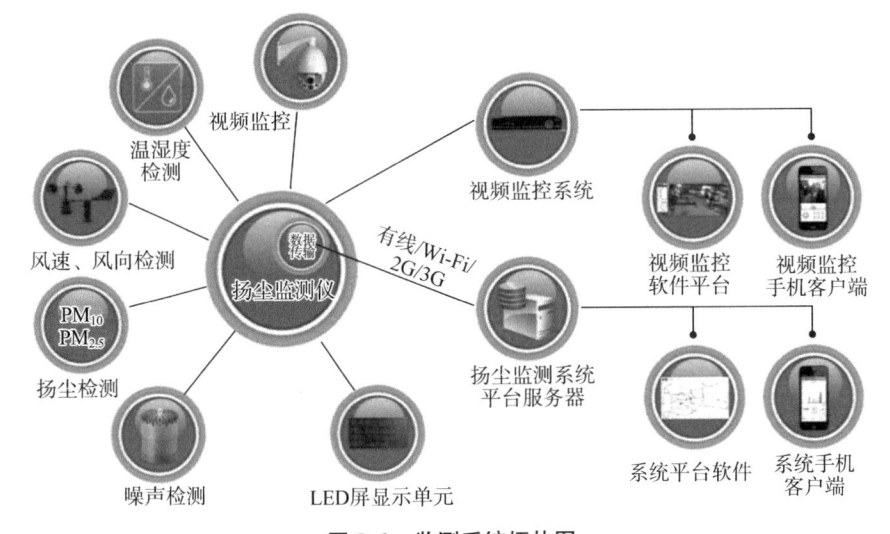

图 8.2 监测系统拓扑图

(1) **扬尘监测单元**:扬尘监测单元负责对 PM_{10} 和 $PM_{2.5}$ 两个关键参数进行连续自动监测,并将监测数据实时上传至服务器,以便后台程序进行统计和分析。数据同时上传至数据中心和监控平台,确保信息的实时共享和监管。

(2) **噪声监测单元**:噪声监测单元提供全天候的户外噪声采集功能,确保传感器的户外监测安全性和数据准确性。

(3) **气象监测单元**:气象监测单元能够监测风速、风向、温度、湿度等环境参数,为扬尘和噪声监测数据的后期分析提供气象参数支持。该单元通过风向预测扬尘的运动趋势,并在不同气象条件下对监测数据进行科学修正。

(4) **数据采集处理单元**:作为系统的中枢,数据采集处理单元负责对采集到的监测数据进行判别、检查和存储。它按照统计要求对数据进行处理,并将处理后的数据上报至服务器平台。此外,该单元还控制参数在视频监控画面上的叠加显示,以及在户外 LED 大屏上的展示。

（5）LED屏显示单元：LED屏显示单元用于现场实时显示监测数据，为施工单位和城市居民提供警示作用，并支持自查、自控。该单元能够实现噪声扬尘超标时的及时控制和降低功能。

（6）联动喷淋单元：环境监测系统与喷淋系统集成，当颗粒物浓度超过预设阈值时，系统将自动启动喷淋系统进行降尘处理。环境监测设备可与雾炮机、围挡喷淋及塔吊喷淋等设备进行联动，实现高效的喷淋降尘功能。

8.3.3 监测原理及设备

（1）颗粒物监测设备：采用激光散射法来测量空气中的扬尘浓度。通过精密流量控制的真空泵，大气中的测试气体被吸入，并送至传感器测量组件。传感器测量组件基于Gustav Mie粒子光散射理论设计，结合微光电探测技术，形成了一套完整的空气颗粒分布浓度测量系统。

（2）温湿度监测设备：集成了湿度传感器、信号放大调理、A/D转换、I2C总线接口等功能于单一芯片。该设备能够提供全校准的相对湿度和温度值输出，并具备露点值计算输出功能。湿度值输出分辨率为14位，温度值输出分辨率为12位，可编程降至12位和8位。CRC数据传输校验功能和片内装载的校准系数确保了100%的互换性。为了将SHT15输出的数字量转换为实际物理量，需要进行相应的数据处理。

（3）噪声监测设备：能够测量工业噪声、生活噪声和交通噪声等，并按人耳听觉特性近似地测定其噪声级。噪声级通常是指用声级计测得的并经过听感修正的声压级（dB）或响度级（phon）。噪声监测仪由传声器、放大器、衰减器、计权网络、AD采集、变送输出和电源等组成，其精度通过在标准条件下测量1 000 Hz纯音来确定。

8.3.4 联动喷淋系统

环境监测系统与喷淋系统实现联动，以便在颗粒物浓度超过预设阈值时自动启动喷淋措施以降低扬尘。环境监测设备能够与多种喷淋设备如雾炮机配合，以实现对空气中颗粒物含量的有效降尘。联动喷淋系统如图8.3所示。

图8.3 联动喷淋系统

（1）联动雾炮喷淋：环境监测系统能够与雾炮机进行实时联动。当监测到空气中颗粒物含量超过预设标准时，系统将触发雾炮机启动喷淋作业。一旦颗粒物含量降至规定范围内，环境监测系统将自动停止与雾炮机的联动，从而实现自动控制喷淋降尘。

（2）联动围挡喷淋：环境监测系统同样能够与围挡喷淋系统实现联动。当监测到空气中颗粒物含量超过标准时，系统将激活围挡喷淋系统进行喷淋，以降低扬尘。当颗粒物含量降至安全水平后，系统将自动停止与围挡喷淋系统的联动，确保围挡喷淋系统自动停止喷淋作业。

通过这样的联动机制，环境监测系统不仅能够实时监控颗粒物浓度，还能自动启动相应的喷淋措施，有效控制扬尘污染，同时实现自动化管理和资源的高效利用。

8.4　拌和质量监测子系统

沥青混凝土监管模块是在原有混凝土监管模块的基础上进行改造和升级，以适应沥青混凝土的特殊生产需求。图 8.4 为拌和站监测子系统拓扑图。

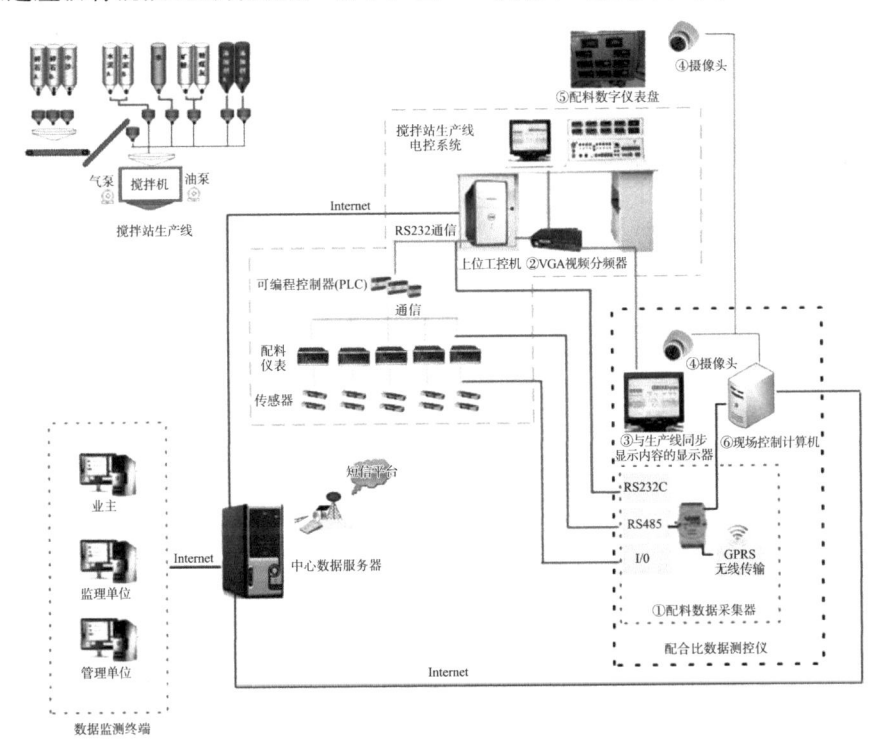

图 8.4　拌和站监测子系统

该模块不仅保留了配比数据监控和搅拌时间监控的功能,还增加了油石比监控和出料温度监控两个关键参数。在配比数据监控和搅拌时间监控方面,沥青混凝土监管模块与混凝土监管模块保持一致,均采用数据测控仪进行数据采集。这些数据通过测控仪的精确测量,确保了生产过程中各组分比例的准确性。

针对油石比的控制,沥青混凝土生产系统中的配料称重仪不仅对骨料进行了称重,也对沥青进行了精确称重。沥青的数据同样可以通过数据测控仪进行采集。因此,在配比数据中增加沥青的重量数据,这些数据被提交到监管系统平台后,系统会通过内置算法同时计算出配比数据和油石比数据,并生成直观的可视化图形。这样的设计使得工作人员能够远程实时监控生产过程,确保沥青混凝土的质量符合标准要求。

出料温度控制部分存在两种方式:一是通过测控数据仪采集生产系统中的温度数据,具有实施简单、费用低的优点,但无法采集到实际出料口的温度,通过设置预警值,依旧能实现对沥青出料温度的控制;另一种方式则是通过在出料口加装红外线传感器,采集出料时沥青混凝土的实际温度及湿度,具有数据精确度高等优点,存在费用高、实施复杂等特点。

8.5 实验室质量监测子系统

试验数据监管模块主要用于工地现场混凝土生产的原材料(砂、石、水泥、掺和料及外加剂)的质量检测及混凝土配合比的计算,通过数据自动采集系统自动采集混凝土强度的检测数据并上传到监管系统平台,监管人员及项目部人员可以查询混凝土原材料的检测数据及每盘混凝土的质量情况,通过系统配套的短信平台,可将强度不合格的混凝土报告实时发送到相关工作人员的手机中。系统各模块如图 8.5 所示。

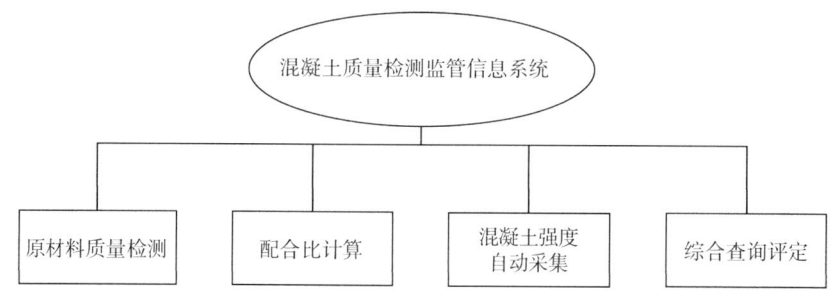

图 8.5 实验室质量监测子系统模块功能

试验数据监管模块是专为公路工程中的各类临时工地试验室（包括驻地监理临时工地试验室和总监办中心试验室）设计的，其设计遵循《公路水运试验检测数据报告编制导则》(JT/T 828—2019)的相关规定。该模块旨在实现检测单位内部业务及办公管理的信息化处理，提升实验室的业务和管理水平。

该模块的核心功能包括：

（1）试件委托管理：实现试件委托流程的电子化，包括试件信息的录入、修改和查询等。

（2）试验数据管理：支持试验数据的自动采集或人工录入，确保数据的准确性和及时性。

（3）数据计算与评定：根据国家现行标准和规程对检测数据进行计算和评定，并自动生成规范化的评定结论和报告。

（4）数据分析与统计：依据管理要求，对检验数据进行多样化的统计分析，包括汇总、数值分析等，以满足不同的管理需求。

（5）网络信息化管理：通过信息技术的应用，实现检测工作的网络化、信息化管理，提高工作效率，减少人为错误，确保工作的高效、准确和可靠。

通过实施试验数据监管模块，不仅能够提升实验室的工作效率和管理水平，还能够促进检测工作的标准化、规范化和科学化，为公路工程的质量控制提供有力的技术支持。

8.6 路面摊铺质量监测系统

摊铺机数据采样及反馈模块采集烫平板温度数据、到场温度数据、摊铺温度数据，摊铺速度、摊铺前后的高度以及当前采样时间所处的位置数据，并通过采集到的数据计算出实时的虚铺厚度，如图8.6所示。

路面摊铺质量监测系统

摊铺环节，通过运用北斗高精度定位设备、红外温度传感器，采集摊铺行进方向、摊铺速度、摊铺温度信息，并回传到后台控制中心，对沥青摊铺环节进行质量监控。

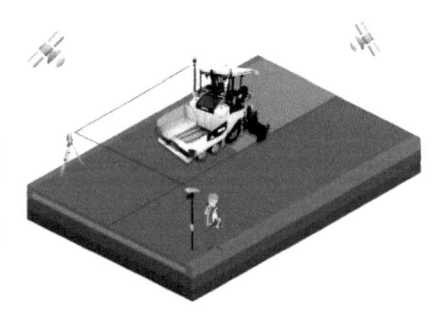

图8.6 路面摊铺质量监测系统简介

系统在摊铺机上安装非接触式红外测温GPS定位及无线数传单元、大屏幕显示单元为一体的硬件设备,实时监测和采集摊铺温度、摊铺轨迹、摊铺厚度,摊铺温度控制在135~150℃之间,摊铺厚度不小于设计厚度,实现了由效率低的事后检测向实时监测的突破。可以提高沥青路面质量,提高管理效率,节约建设资金,保证监测数据的真实性、可靠性,提高路面施工质量,如图8.7所示。

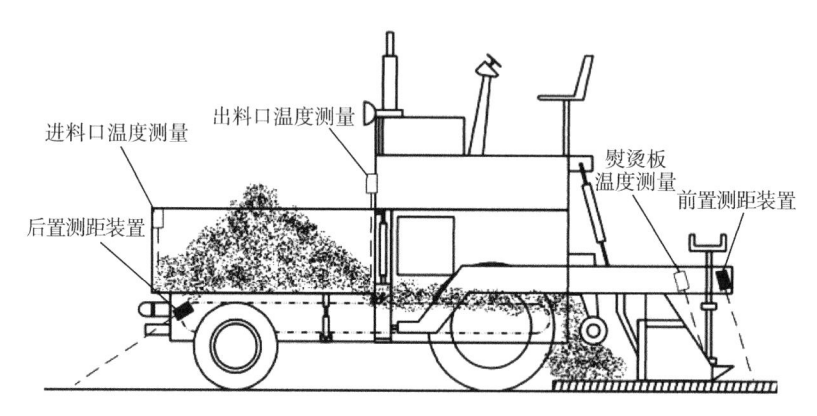

图8.7 摊铺机温度数据采集示意

系统在碾压机上安装非接触式红外测温GPS定位及无线数传单元、大屏幕显示单元为一体的硬件设备,实现初压温度、终压温度、碾压变数、轨迹、数据的实时采集。当现场碾压温度、碾压遍数没有达到指定的数值时,最初碾压温度不能低于135℃,最后碾压温度不能低于110℃,出现问题时系统会实时报警,并支持历史数据可追溯,从而提高路面施工质量,如图8.8所示。

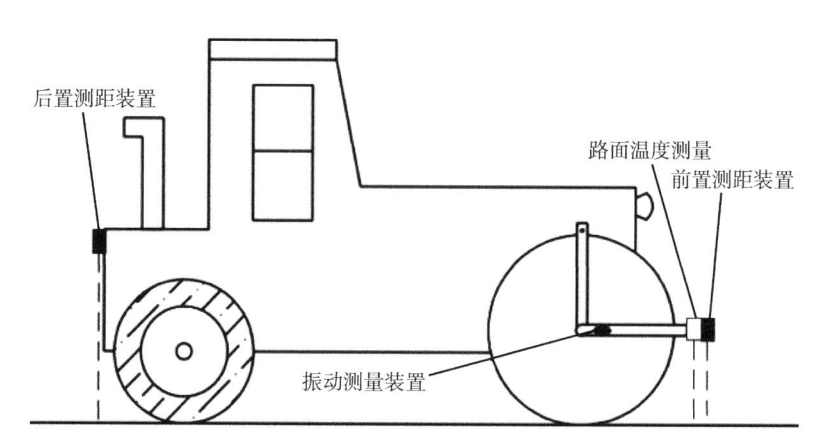

图8.8 压路机数据采集示意

8.7 现场生产视频监控指挥室

由于施工现场是一个危险性比较大的场地,因此有必要加强对于出入口的管理,防范外来闲杂人员擅自进入施工现场,防范外来人员非法翻越栅栏;同时,为了加强对施工现场的管理,建立一个完善的视频监控管理体系,有必要建立视频监控子系统从而实现对施工管理现场的全覆盖监控。针对施工现场周界预警子系统的奖励,采用通过视频来实现对现场的实时监测,周界预警子系统包括移动监测、抓拍等功能。

为了确保本项目的视频监控子系统有效地覆盖监测区域并满足需求,系统设计采取了全面的布局策略,旨在实现对现场环境和关键位置的有效监控。测点的布置主要考虑以下位置,但不限于办公区域、停车场、生活区域、土方区、扬尘源区、材料堆场。

视频监控系统的功能设计旨在实现施工现场的实时全面监控,具体包括:

(1) 通过远程管理功能,解决了作业点分散导致的管理难题,使得管理人员无须亲临现场即可掌握工地细节。

(2) 便于远程沟通协调,即使不在现场,也能实时了解工地情况,提高了管理效率。

(3) 现场作业人员可根据需要随时启动监控系统,使得项目经理或技术指导人员能够实时观察视频,及时发现并解决问题。

(4) 系统优化了与建设、监理、设计等单位之间的协调机制,保障了施工质量。

(5) 系统促进了与土建、材料、工程机械等相关单位的沟通,提升了施工进度和效率。

(6) 在突发事件发生时,指挥中心能够通过手机或电脑迅速获取现场视频,做出快速决策,实现了简单、直接、高效的沟通。

(7) 视频监控系统支持与管理人员手机的实时连接,使得管理人员能够通过手机远程查看现场视频,进一步加强了远程监控的能力。

通过这些功能,视频监控系统不仅提高了施工现场的管理效率和安全性,还增强了应对突发事件的快速响应能力。

在监控中心内安装的大屏幕液晶拼接系统由16块46寸专业级液晶显示器构成,形成了一个人型拼接显示墙。该系统采用了窄边框设计,以确保在显示电子地图和其他信息时画面的连贯性和完整性。大屏幕墙体的底部距离地面大约

0.8 m。

主屏幕主要用于展示环境监控、人员定位和通信联络系统的重要信息,以便于监控中心的工作人员能够实时、全面地掌握相关系统的运行状态和关键数据。这种布局和设计旨在提升监控中心的操作效率和视觉体验。

1. 安装位置设计

液晶拼接屏距底部预留0.8 m,两边预留0.8 m的通道,以便后期操作维护。液晶拼接屏安装结构图如图8.9所示。

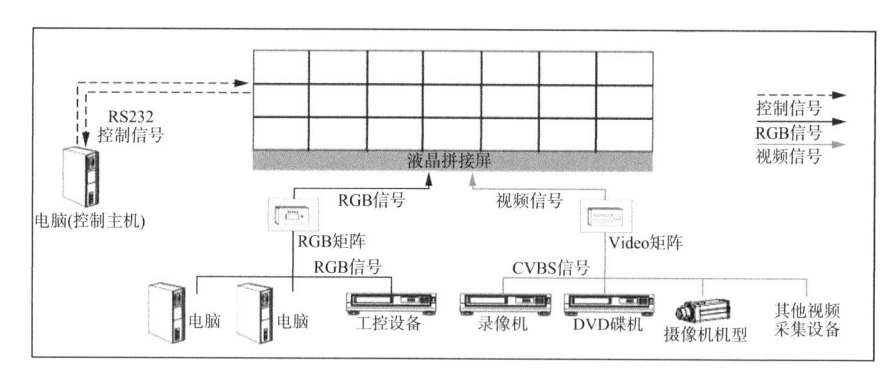

图8.9 液晶拼接屏安装结构图

2. 产品特点及参数

(1)液晶拼接单元:液晶拼接单元采用了DID(Digital Information Display)面板技术,该技术已成为显示行业关注的焦点。DID面板技术的显著进步体现在其超高亮度、超高对比度、卓越的耐用性和超窄边框设计上,有效克服了液晶显示在大屏幕公共显示应用中的技术难题。与传统电视或电脑所用的液晶屏相比,DID面板的液晶屏幕亮度达到了700~1 000 cd/m^2,对比度在3 000∶1~10 000∶1,这些指标分别是传统液晶屏的2倍和一般背投的3倍。这意味着,即使在户外强光环境下,采用DID面板的专业液晶显示器也能提供清晰可辨的图像。这种高性能的显示技术确保了监控中心大屏幕显示系统的清晰度和可靠性。

(2)液晶拼接控制模块:内置液晶拼接控制模块在结构设计上被直接集成到液晶拼接单元中,成为其不可或缺的一部分,从而免去了单独安装的步骤。这种设计不仅减少了系统集成的工作量,还提高了整个系统的稳定性。控制模块采用了分布式信号处理控制技术,这是其专利技术之一。每个拼接单元内部都配备有独立的控制模块,能够并行处理实时工作。这些模块既能够实现联动控制,确保各单元间的协调工作,也能够独立运行。当拼接单元的数量超过9台,

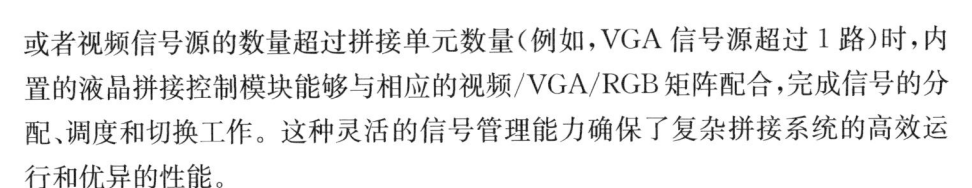

或者视频信号源的数量超过拼接单元数量(例如,VGA 信号源超过 1 路)时,内置的液晶拼接控制模块能够与相应的视频/VGA/RGB 矩阵配合,完成信号的分配、调度和切换工作。这种灵活的信号管理能力确保了复杂拼接系统的高效运行和优异的性能。

(3) 显示模式:通过控制软件很方便地组合成多种不同的显示模式。整屏拼接显示:全部单元拼接显示一幅大画面;单屏独立显示:每个单元单独显示一路不同图像;多路局部拼接显示:拼接单元进行局部组合实现相邻单元拼接;环通显示(复制):多个单元显示相同的图像。

(4) 边缘屏蔽技术:在传统的拼接技术中,当遇到具有边缘的显示设备(如背投或平板电视组成的电视墙)时,需要将画面人为地分割后进行拼接显示。由于相邻拼接单元之间存在无法显示的边缘,这会导致画面不自然地变形。为了解决这一问题,边缘屏蔽技术应运而生。边缘屏蔽技术通过精确的像素调整,将被拼接单元边缘覆盖的内容进行屏蔽处理,从而实现自然且直观的显示效果。这种方法有效地消除了拼接线,保证了整个拼接显示墙的画面完整性和连续性,为观看者提供了无缝的视觉体验。

8.8 人员安全门禁管理子系统

8.8.1 系统目的

施工现场与生活区的管理存在缺陷,缺乏有效的隔离和安全保护措施。这不仅导致外来人员未经许可随意进入工地,还使得工人家属及其子女可以自由进出施工现场,从而严重干扰了项目的正常施工秩序。在施工环境中,由于管理限制,设备和材料的安全管理措施不够完善,加之部分工人对个人防护的重视不足,这些因素为犯罪行为提供了可乘之机。因此,工地上的建筑材料、设备以及工人的个人财产面临着安全风险。此外,由于工地人员混杂,安监部门难以有效监督施工人员的工作量和效率,人员管理面临挑战。工人的考勤未能进行精确量化统计,导致工资与实际工时不匹配,这损害了工人的合法权益,并可能引发劳资争议。为了解决这些问题,需要实施更为严格的安全管理和人员监管措施,确保施工现场的安全和秩序,同时保护工人的合法权益。

同时,随着社会经济的持续发展和进步,公众对安全生产的标准和要求日益提高。近年来,建筑安全事故和劳资纠纷事件的频发,使得如何实现安全、高效、有序的生产成为社会关注的焦点。建筑工地环境的复杂性、人员的多样性以及管理的不足,导致了施工设备材料的失窃、施工人员的安全隐患以及劳资争议等问题。

为了预防潜在的安全风险和缓解劳资紧张关系,有必要对工人进入和离开工地的信息进行全面的采集、数据统计和信息查询。通过实施有效的管理措施,可以实现包括考勤、门禁、监控和信息发布在内的智能化综合管理,从而提升建筑工地的整体管理水平和生产效率。这样的智能化管理系统能够为工地提供一个安全、有序的工作环境,并确保工人的权益得到保障。

8.8.2 功能设计

人员实名制管理子系统,采用门禁系统(通道翼闸)与先进的人脸识别技术相结合,实现了对施工人员身份信息的精准识别。系统通过将施工人员的基本信息录入管理平台,使得施工人员能够通过人脸识别技术进出施工现场。这种管理方式不仅提高了施工现场的安全性,也便于管理人员通过管理平台实时查看施工人员的每日考勤情况。门禁通道及识别示意图如图 8.10 所示。

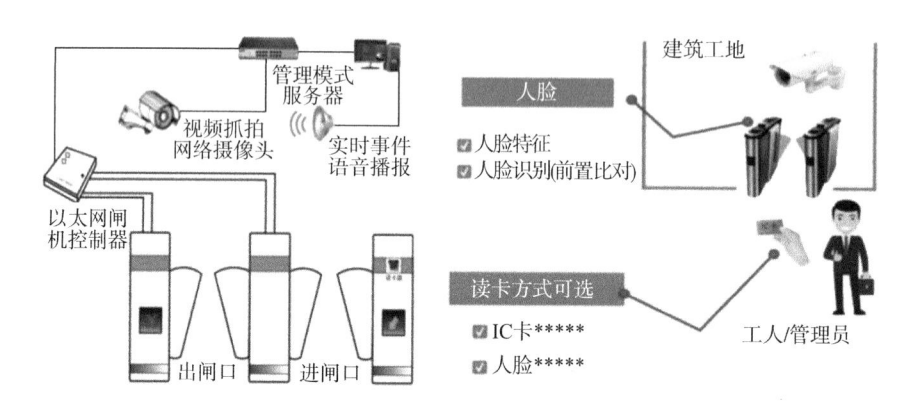

图 8.10 门禁通道及识别示意图

该系统的核心功能在于确保施工现场的人员身份真实可靠,通过人脸识别技术实现快速准确的身份验证,有效防止未经授权的人员进入施工现场;同时,系统提供的考勤记录有助于管理者对施工人员的出勤情况进行实时监控和管理,提高了管理效率和施工安全管理水平。

(1) 指纹/人脸识别进出:该系统通过集成指纹识别和人脸识别技术,确保每次身份验证只能通过实际用户的生物特征完成,从而有效防止了他人代为刷卡的现象,增强了系统的人身识别准确性。

(2) 实时数据传输与管理:系统确保所有数据实时传输,包括人员通过指纹/人脸识别的资料,以及主管人员通过网络实时获取的数据,响应时间不超过1 s,使得领导能够实时掌握最新资料。

(3)区域管理:系统支持实时统计现场人员进出数量,并可根据需要对不同的施工入口进行区域分组管理。例如,在 A 施工口和 B 施工口未连接时,可将其划分为两个独立区域;一旦连通,则可划分为同一区域。系统能够准确统计人员在不同区域之间的流动情况。

(4)实时统计与分析:系统实时统计分析每个区域的人员在场情况,包括有权限和无权限人员数据,并迅速生成在场人员名单,显示进场时的照片。这有助于在事故发生时,快速获取第一手资料。

(5)数据查询与统计:系统支持对历史数据进行查询和统计分析,生成施工人员、管理人员、监理人员和来访人员的数据报告,并可根据需要对数据进行分组和打印,以便于进一步分析和使用。

8.9　BIM+VR 安全体验馆子系统

《中华人民共和国安全生产法》第二十八条明确规定:"生产经营单位应当对从业人员进行安全生产教育和培训,保证从业人员具备必要的安全生产知识,熟悉有关的安全生产规章制度和安全操作规程,掌握本岗位的安全操作技能,了解事故应急处理措施,知悉自身在安全生产方面的权利和义务。未经安全生产教育和培训合格的从业人员,不得上岗作业。"故基于该前提下,项目推出 VR 安全教育子系统,对岗位人员进行必要的安全培训体验,使得操作人员了解施工作业过程中必需事项以及危险操作,将危害安全的操作行为杜绝在工程作业之前是非常有必要的。宣传教育体验及 VR 体验如图 8.11 所示。

图 8.11　宣传教育体验及 VR 体验

工人通过该系统可进行安全帽佩戴撞击虚拟体验、灭火虚拟体验、触电虚拟体验、高空坠落虚拟体验以及支模系统坍塌虚拟体验等工地上出现的各种危险操作体验，经过上述的体验可使得操作人员了解危险操作带来的后果及其严重性，从而使得作业人员在现场作业的过程中可以时刻要求自己按照规范要求进行作业。

8.10 设备管理子系统

设备管理系统是连接企业内部各生产部门的桥梁与纽带，起着核心作用。然而，目前企业设备自动化管理水平尚待提高。大多数设备管理办法仅限于设备的采购后，将设备的基本情况和相关信息登记存档，随后档案基本无人维护。因此，设备修改、删除情况、设备当前运行状态等信息无法及时体现在管理工作人员面前，导致设备跟踪信息无法及时更新。

为了解决这一问题，项目引入了设备管理系统。该系统显著提高了办公效率和设备可靠性，降低了工作人员的劳动强度，减少了办公耗材，提升了现代化管理水平。

设备管理系统主要分为四大部分：组织机构管理、通知公告、设备管理以及系统管理。

（1）组织机构管理：该模块可实现组织机构的录入、修改、查询功能，以及人员信息的增加、删除、修改和查询功能。

（2）通知公告：该模块主要功能是发送带有附件的通知公告，以便各部门及时了解相关信息。

（3）设备管理：该模块涵盖设备整个生命周期的所有信息，包括设备的采购、信息录入、调拨、维修、配件出入库、维修审批、报废、保养以及设备信息报表的打印。此外，该模块还包括设备使用台账和维修台账的记录。

（4）系统管理：该模块主要包括主菜单管理、角色功能管理以及登录日志和操作日志的记录。

通过实施设备管理系统，项目能够实现设备信息的实时更新，提高设备管理效率，确保设备运行可靠性，从而提升整体生产效率。

参考文献

[1] 江西省人民政府.宜遂高速项目工程可行性研究报告获批[EB/OL].索引号：014501113/2020-03639,2023.3.13.

[2] 江西省交通运输厅.宜春至遂川高速公路等两个新建工程项目房建工程施工招标公告[EB/OL].(2022-01-28)http://jt.jiangxi.gov.cn/art/2022/1/28/art_34040_3849519.html.

[3] 人民网.江西：宜井遂高速本月通车 助力老区发展"加速跑"[EB/OL].http://vip.people.com.cn/albumsDetail?aid=1616153.

[4] 交通运输部.交通运输部关于印发《绿色交通"十四五"发展规划》的通知[EB/OL].(2021-10-29)https://www.gov.cn/zhengce/zhengceku/2022-01/21/content_5669662.htm.

[5] 江西省人民政府办公厅.江西省人民政府办公厅关于印发江西省"十四五"综合交通运输体系发展规划的通知[EB/OL].索引号：014500815/2021-08179,2021.12.11.

[6] 朱合华,窦世琦,沈奕,等.基于数字技术的交通隧道工程低碳发展理念与思考[J].现代隧道技术,2023,60(6):1-10.

[7] 甘新众,刘群艳,王振."三网五型"绿色低碳公路养护实践[J].江西交通科技,2023(S01):121-124.

[8] 李红镝,周韵梓.公路工程绿色低碳施工方案评价——基于"碳中和"与造价双目标[J].重庆交通大学学报：自然科学版,2023,42(7):106-112.

[9] 李竹有.分析高速公路隧道施工管理存在问题及应对措施[J].低碳世界,2023,13(9):151-153.

[10] 陈军,魏亮.江西某绿色高速公路建设施工管理实践[J].山东交通科技,2017(5):98-100.

[11] 韩根生,倪栋,邵社刚.智慧化、海绵化、低碳化的绿色服务区建设理念探讨[J].公路交通科技：应用技术版,2020,16(3):346-348.

[12] 李晓.罗梅公路升级改造对江西梅岭国家森林公园生态影响[J].中国林副特产,2022(1):75-78.

[13] 李敖东.绿色公路路线设计评价体系研究[J].江西建材,2022(3):66-67,72.

[14] 易炼红.高标准高质量建设秀美幸福河湖美丽绿色江西[J].旗帜,2022(4):15-17.

[15] 邹龙宇,王农.南方丘陵区高速公路水土保持综合效益评价研究[J].中国水土保持,2024(1):40-43.

[16] 张凯,张学峰.宜遂高速路基石方开挖中控制爆破技术的应用[J].中国公路,2023,639(11):137-139.

[17] 黄春富,曾开华,骆禹锦,等.风化砂岩公路隧道渗流-应力耦合数值模拟[J].南昌工程学院学报,2023,42(4):51-56.

[18] 付小宁,贺俊付,练荣华.全力推行"党建＋"模式 锻造品质宜遂——中铁十七局集团一公司宜春至遂川高速公路B4标施工纪实[J].交通建设与管理,2021(3):55-57.

[19] 刘明生,谭政宇.江西省高速公路联网视频会议系统改造建设方案[J].中国交通信息化,2022(S01):324-328.

[20] 余航.江西省绿色公路指标体系与评价标准研究[D].重庆:重庆交通大学,2019.

[21] 胡予磊.绿色公路设计理念在高速公路设计中的应用[J].江西建材,2022(5):81-82,85.

[22] 简美锋,李晓宝,赵红,等.江西省绿色公路施工中的"绿色"控制研究[J].交通节能与环保,2018,14(5):58-60,66.

[23] 徐建东,裴贞,徐新,等.公路工程智慧工地建设的思考[J].上海公路,2023(1):164-167.

[24] 付立,朱强.高速公路智慧工地信息平台总体框架设计[J].交通世界(中旬刊),2020(3):16-18.

[25] 段春利.智慧公路发展现状、趋势分析及对策[J].交通科技与管理,2020(15):0114.

[26] 何训林,刘文劼,潘世强,等.无人机和云平台技术在超高填路堤风险管控中的应用[J].公路工程,2023,48(4):113-120.

[27] 耿小平,王波,马钧霆,等.无人机倾斜摄影测量技术在桥梁施工现场中的应用研究[J].现代测绘,2017,40(4):27-31.

[28] 赵河雄,刘颖才,王淇,等.基于大数据技术的高速公路环境监测系统设计[J].电气自动化,2023,45(3):74-77.

[29] 卓巧.高速公路施工期的环境监测及其质量控制[J].生态环境与保护,2021,3(12):1-2.

[30] 谢胜加,张德,程志强.沥青路面智能压实技术研究动态[J].城市道桥与防洪,2023(5):228-231.

[31] 秦万龙."绿色公路"的建设及其存在的问题与对策[J].四川水泥,2022(8):64-66.

[32] 邱海兵,卢继乾,李波.沥青路面无人化摊铺施工技术应用[J].交通科技与管理,2023,4(24):138-140.

[33] 任健,王振才,崔宝辉,等.浅析辅助驾驶技术在摊铺施工中的应用[J].工程机械与维修,2023(3):18-20.

[34] 王礼存,杨权,张周芹,等.基于无人机红外热成像技术的沥青路面施工均匀性评价

[J].交通企业管理,2023,38(6):69-71.

[35] 薛华,孙明祥,陈光林,等.溧宁高速沥青路面智能摊铺碾压技术应用研究[J].黑龙江交通科技,2022,45(1):36-38.

[36] 武博文,薛力戈,朱洪睿,等.路面无人化施工集群装备技术研究[J].建筑机械,2022(1):18-20.

[37] 卢昌隆.沥青路面无人驾驶碾压施工系统分析[J].福建交通科技,2023(11):142-145.

[38] 廖浩成,曾宪营,曾俊铖,等.基于通信延迟下的无人驾驶压路机群协同控制算法及验证[J].公路工程,2023,48(4):84-90.

[39] 朱小军.路面机械成套智能化施工技术研究[J].安徽建筑,2022,29(8):21-22,36.

[40] 刘希武.高速公路绿化生态恢复与绿化养护探析[J].人民交通,2024(1):117-119.

[41] 黄进锋,赵明,华开成,等.山区高速公路生态选线基本原则与方法[J].中国公路,2022(15):104-105.

[42] 王华峰,王勇,黄若楠,等.基于绿色发展背景下的绿色生态公路建设体系发展研究[J].工程建设与设计,2023(7):109-112.

[43] 丁湛,王爱波,栗慧峰,等.胶粉颗粒变化对橡胶沥青粘度的影响分析[J].应用化工,2023,52(2):350-354.

[44] 吴秀芳.不同因素对SBS/橡胶粉复合改性沥青物理性能影响研究[J].江西建材,2024(1):69-71.

[45] 王杰之,温树磊,魏文安,等.高速公路隧道用洞渣混凝土耐久性研究与应用[J].建筑技术,2023,54(19):2355-2358.

[46] 刘骁凡,鲁凯,樊强,等.隧道洞渣花岗岩机制砂中石粉含量对混凝土性能的影响[J].混凝土,2022(12):106-109.

[47] 底江天,田苗苗,邹东博,等.高速公路隧道洞渣路基填料物理改良试验[J].交通世界,2023(29):25-27.

[48] 谈文晶.沥青拌合设备油改气对环境的影响[J].环保科技,2015(3):32-35.

[49] 徐百辰,李爽,徐岩,等.浅谈油改气在高速公路施工中的应用[J].吉林交通科技,2019(3):33-36.

[50] 江西省交通运输厅.传承红色基因 打造美丽宜遂——宜遂高速公路项目锻造平安百年品质工程纪实[EB/OL].(2020-12-04)索引号:014501113/2020-21591.

[51] 江西省交通运输厅.星火传递 初心筑路——宜遂高速C2标推动党建与工建融合发展纪实[EB/OL].(2021-10-22)索引号:014501113/2021-59916.

[52] 江西省交通运输厅.以党建为引领高质量打造最美高速——宜遂高速C4标学党史践初心推进项目建设纪实[EB/OL].(2021-10-22)索引号:014501113/2021-59917.

[53] 江西省交通运输厅.党工互融 共促开创项目建设新局成[OL].2021.10.21.

[54] 江西交工.宜遂高速SSA标:维护生态环境,打造绿色工地[OL].2021.3.15.